# 你是我心中溫暖的光

# 目錄


出版序 傾聽「樹」的歌唱 真如 004

推薦序一 父母的愛是幸福的籌碼 賴錫源 008

推薦序二 帶來光的溫暖故事 曾旭正 010

讓愛尋回在時間中迷路的你 黃惠美 012

照顧，不只是關注對方的身體，
應該連心一同照顧，予之同等的善意和尊重。

和你一起捧出慈心的味道 李豐達 048

雖然撐起一家店，既困難又辛苦，
但我始終記得我的本心——要靠自己的雙手，帶給爸媽幸福。


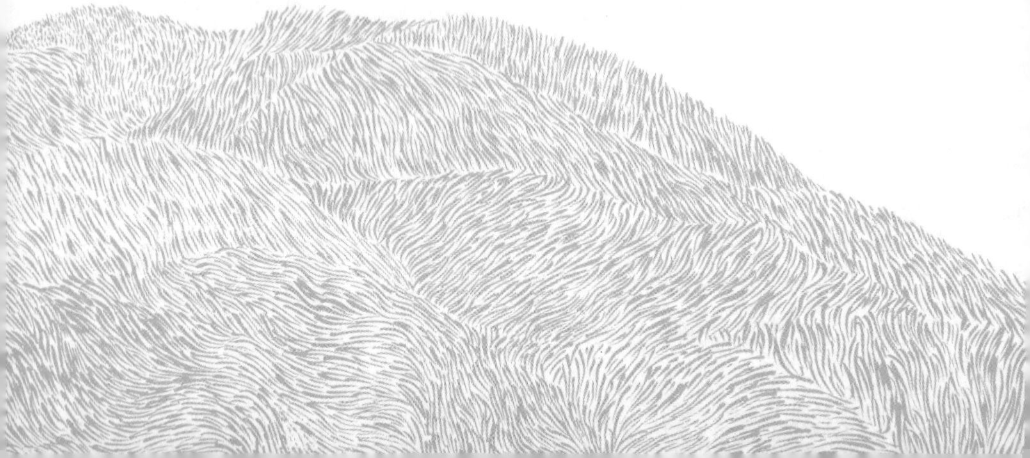

**親家、我家，幸福一家親**
家人的認定，從來就不是因為姓氏，而是因為愛。
蔡俊隆 086

**你是我心中溫暖的光**
我們經常用忙碌當藉口，
對他人的用心，麻木地什麼感覺也沒有。
關婉玲 136

**因為愛，所以守候**
關係如同一面鏡子，一個人微笑，另一個人一定也會微笑；
一個人發怒，另一個人一定也有同等的怒氣
吳幸融 178

**此生，因你而彌足珍貴**
過去已經逝去，未來難以預測，唯一能夠把握住的，
只有和家人相處的每一個「現在」。
郭有智 212

出版序

# 傾聽「樹」的歌唱

真如

在靜謐的樹林中，抬頭仰望著一棵棵樹，適時正有清風徐徐拂來，似乎所有的樹葉都在沙沙振響，那一刻的心湖明靜而柔軟，好像要對藍天輕語著什麼……。

陽光，正把它的熱情和光明，透過葉子灑下來，每一片葉子的形狀、葉脈、都在碧藍的陪襯下清晰呈現。我不禁常常驚歎是怎樣的神祕之手，雕刻了這精彩紛呈的美麗。每一棵樹都那般風姿獨具，幾多蓬勃，幾許可人。可是它們在大片的森林裡，有幾人能走近欣賞觀看，那每一片樹葉在風中、雨中，繁華與凋零，陽光月下怒吼與淺唱。看那楓樹，在北國寒意漸濃之時，正是它們盡顯生命的璀璨之際。每每值此，欲將珍貴美景寄與天下人共享。

每個人生命中，最細緻、最燦爛的那個部份，也許只有他自己，或是跟他親近的人才知道。他們，就像一棵樹，蒼勁地散發堅強的氣息。他們在受傷之後，森林悄悄收藏了他們的哀哭與無奈，他們努力地尋覓著生存的堅韌之力，經歷多少頑強的內心之戰，終於小心翼翼地把傷痕復原，從再次地枝繁葉茂到令人驚歎！他們迎接了生命的大風暴，在幾度摧殘中毅然璀璨綻放！像一棵樹般，他們謙虛地對整個森林釋放著愛與奉獻的信息，以個體生命的強悍溫熱著整體。

一棵桂花樹的淡淡清香，也許會觸碰到你靈魂深處的甜美的寧靜。

究竟，他們曾經歷怎樣的風霜雨雪？那美麗的深藏於年輪中的精彩記憶，在何樣的陽光下開始優美昇華？在怎樣的鏡湖中看清了自己的模樣？是什麼喚醒了他們心中的巨人之力，將沉睡的荒原，開放為直到天際的鬱鬱森林與燦燦樹花？

有人願傾聽這每一棵樹的哭聲與吟唱嗎？

我真摯地邀請所有的人，和我一起凝視這些精彩的心吧！這些在苦痛中掙扎著，終於開出燦爛心花的勇敢的人們，他們動人的身影，就和你我一樣，行進在這個世上。可能，讀這本書，就像人生中的一次深情回眸。注視到了那個和我一起經歷過人世的風雨、經歷過人世災難洗禮的同伴，他是如何精彩地活著，而他的精彩，到底有怎樣細緻的輪廓、顏色、形狀？這精彩是如何發生的？親愛的讀者，你不想欣賞嗎？

就像我看到的一樹美景，在很多年前，有了一種想把它獻給大家的心情。它，終於出現了。所以，為這些精彩的心隨喜，並加油吧！也為你自己的美麗、為你自己的勇悍、為你自己的不屈，為你自己的善良喝采吧！

因為我們同行！

寫在二〇一八年，亮點書系開啟時

推薦序一

# 父母的愛是幸福的籌碼

賴錫源
（慈心有機農業發展基金會董事長）

小時候父親對我的教育非常地關注，哪怕工作再繁忙也一定會撥出時間，手把手地教我做事，帶我從事項中學習觀察、細心，甚或是代別人想。今天重新回憶起父親當時無微不至地提點與關顧，仍備感溫馨。

《你是我心中溫暖的光》書中的六位故事主角，橫跨了不同世代，也分別經歷不同的人生境遇，然而在他們回顧自己的生命歷程時，卻共同感受到來自父母深厚的愛。縱使時光飛逝，孩子與父母相處的記憶始終刻印於每個人的腦海，令人想起便湧出源源不絕的能量。

談起母親對孩子的叮囑，日常老和尚曾說：「我看見的，絕不是看見她的囉嗦，看見她始終把你看成一個孩子一樣，她全部精神貫注在上頭。」透過親子之間親密的互動，父母給予孩子關心與鼓勵；孩子也從中傳遞了對父母的敬愛。當我們心裡洋溢著溫暖，就可以獻出更多的關愛給他人，讓幸福充盈於整個世界。

推薦序二

# 帶來光的溫暖故事

曾旭正
（臺南藝術大學教授，福智佛教學院籌備處副主任）

故事，在我們的生活中不可或缺。通常我們講述自身的故事，為了不同目的；更多時候，我們聽讀別人的故事，得到共鳴或者從中得到啟發。好的故事往往引人入勝，帶出歡喜、恐懼、悲痛、挫折或希望，因此在我們的經驗中，故事有著不同的溫度，從冰冷到炙熱，雖然感覺是相對的，但溫暖的故事總是受歡迎的。

溫暖的故事如光一般。光暗，延續自遠古人類祖先生動的真實經驗。想像那個從山洞醒來的清晨，洞口的光讓他確認白天的來臨，意味著暗黑的危險已經褪去，慶幸安全的白天再臨。走出山洞，白亮的世界呈現在眼前，甚至還有熱鬧的蟲鳴鳥叫聲。每天，那光，開啟了安全並帶出希望，對比於暗夜與危險，生出溫暖的感覺。

這本書有六個家庭的故事，都是溫暖的，那溫暖來自平凡以及不平凡。平凡的角色、平凡的居家場景，乃至於平凡的生活對話。但不平凡的是，主人翁的視角，看出各個角色維繫其關係的種種舉止與作為，相互體諒、支持、鼓勵、深度自省、咀嚼師長的教言、體察親友的善意。因為平凡，所以讓讀者容易親近，產生共鳴；因為不平凡，則讓人獲得啟發。

有智慧的人說：「所謂成長，就是在心裡增加了其他人的視角。」溫暖的故事讓我們容易在心裡增加其他人的視角，推薦給您這些故事，祝福您的心也跟著成長！

# 讓愛尋回在時間中迷路的你

黃惠美　文／李宜珊

照顧，不只是關注對方的身體，
應該連心一同照顧，予之同等的善意和尊重。

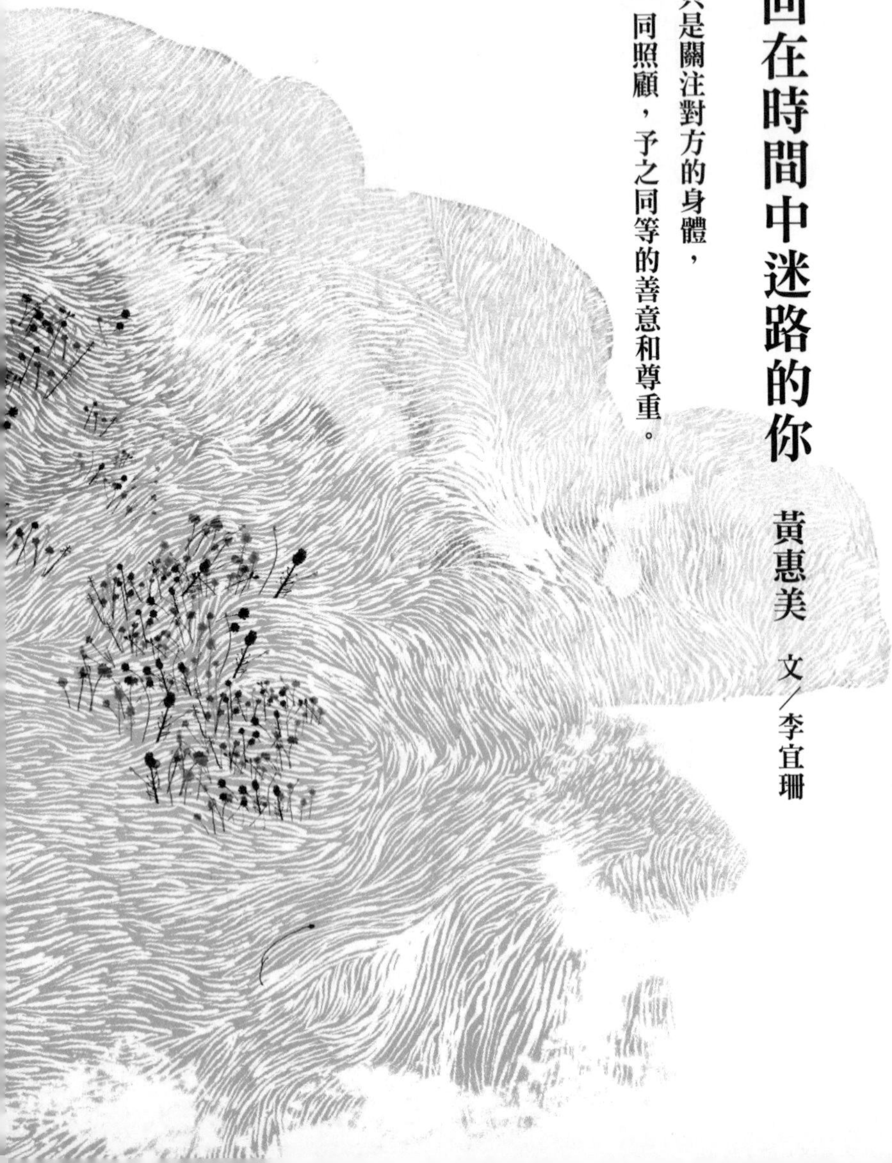

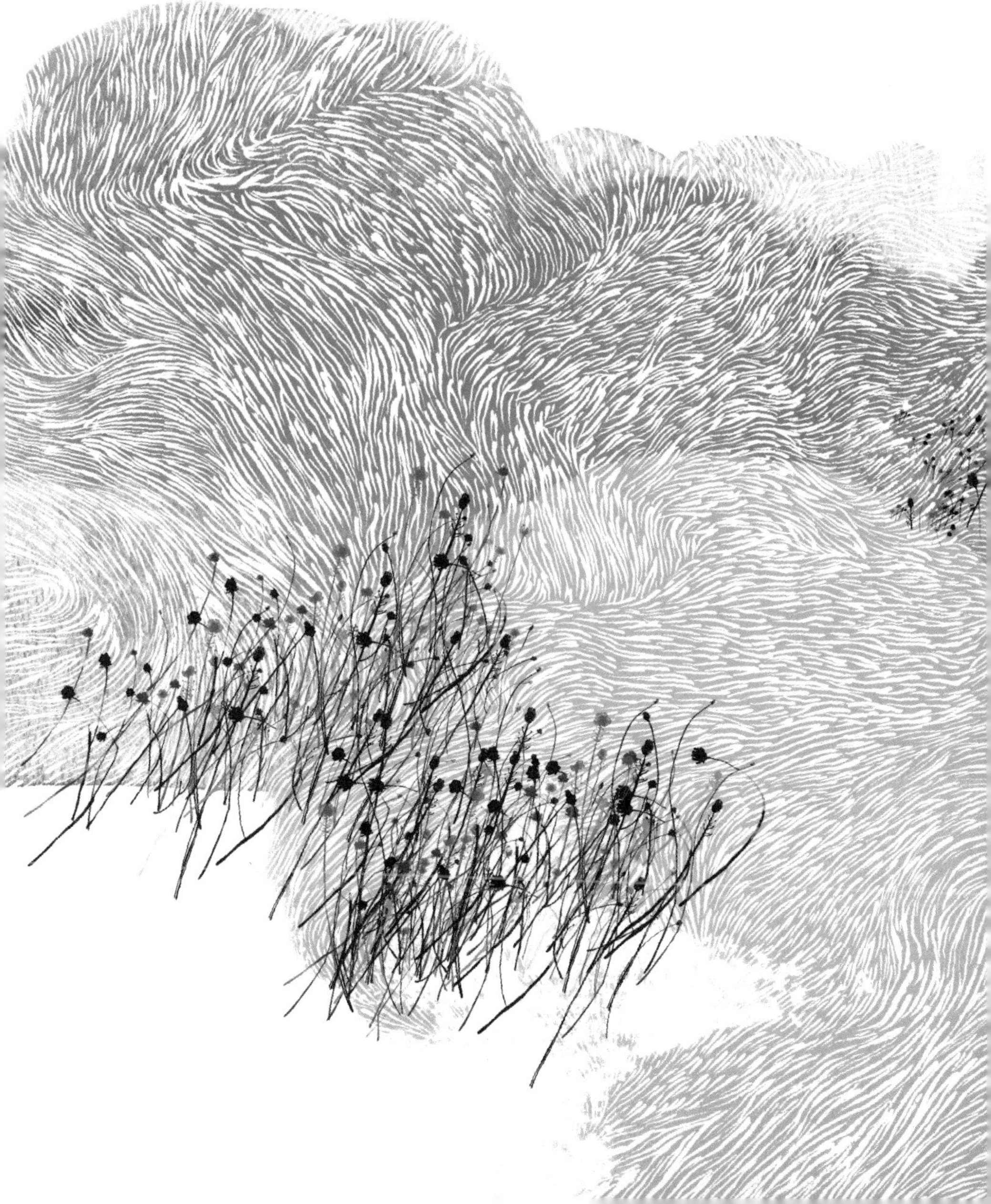

看著母親為學生付出後收穫的喜悅，除了敬佩，
我也嚮往著有天像她一樣，成為支撐他人的力量。

陽光透過窗簾的間隙照在臉上，搭配此起彼落的麻雀叫聲傳進耳中，像是大自然的鬧鐘，溫柔地呼喚著要我起床，然而睡意凌駕了一切，於是我把蓋在身上的棉被拉高，逃避似地把臉埋進被子。

安穩的回籠覺沒有持續太久，肚子便突然翻騰了起來，像是有千軍萬馬在腹部奔騰，痛得我止不住地呻吟出聲。這是早上的例行公事的，或許是腸胃消化功能不好，讓我總沒來由的肚子痛，每每總痛得我冷汗直冒，眼淚直流。

「媽……我肚子好痛。」

我以為母親還躺在身側，聲音虛弱地呼喚著她，等了半晌，回應我的卻只有沉默，這時我才猛然驚覺，母親早已離開了房間。

或許是因為父親早逝，我十分依戀母親，尤其當身體不適的時候，更是渴求母親的愛護。此時驚覺母親不在身旁，眼淚便從眼眶滑落，再也忍耐不住地大哭了起來：「媽——媽——，您在哪？」

「來了來了，妳怎麼啦？乖，不要哭了。」

母親拎著公事包急急忙忙地走進了房間，在床邊蹲了下來，溫柔撫摸著我冒著冷汗的額頭。感受到母親手心的溫暖，我忍不住哭得更大聲。

「我的肚子好痛！」

「我拿胃藥給妳吃，早上幫妳跟學校請假，妳就在家好好休息。媽媽下課後就回來看妳，好不好？」

對於母親溫柔的勸慰，我不領情，一把抓住母親的衣角，眼巴巴地望著她，期待她能不去上班，留在家裡陪我。然而母親是個很有責任感的人，身為老師的她肩上不只有我這麼一個孩子，還有整班的學生等著她，面對我任性的要求，她只是搖搖頭，溫柔地看著我。

「媽媽該去學校上課了，還有很多學生在等我呢。」

「可是我想要您留在家裡！」

小時候不懂事，只是一味地發脾氣，母親卻也不惱，只是輕輕嘆口氣，然後側躺到我身邊，拍著我的背，直到我哭累了睡去，才匆匆地拿起包包趕往學校。

曾聽母親的學生說過，母親是個非常好的老師，把每個學生都當成自己的孩子，不求回報地付出。那個年代，大家普遍不有錢，總是有幾個學生付了學費，就沒錢吃午餐，母親便會偷偷張羅便當，解決他們說不出口的難處。個子嬌小的母親在學生的眼中，像是無所不能的巨人。溫柔的個性加上良好的班級經營技巧，讓再怎麼活潑好動的孩子只要一到母親面前，便變得十分乖巧。

從小，我就聽到母親不斷談論學生的事，從她的言談間，我看出了她的喜悅，不禁讓我對教師這個職業充滿了嚮往。我想像母親一樣，在一個充滿愛的地方工作，並成為給予他人依靠的力量。這份嚮往讓我跟著母親的步伐走入了教育圈，成了一名國小教師。

直到成為一名老師，開始帶起一個班級，我才發現以為單純的教育工作其實一點都不簡單。

課本上我看著單純的概念，對學生而言卻是有字天書，要怎麼用簡單明瞭的句子，讓學生明白艱深的道理，成了我最大的煩惱。比如數學課本裡的約分、代數等概念，我看到題目便能三兩下計算出答案，講解時也自覺該講的都講了，但不知道為什麼，學生似乎一點也沒在我的話語中建立這些數字概念。對於學生到底哪裡卡住了，我一點頭緒也沒有。

「把分子和分母同時乘以3……就會得出大小不變的分數。」

「……蘋果代表A，番茄代表C，A加C……。」

「……。」

無論我怎麼講解，學生依舊一臉茫然，讓我十分挫敗。我們像是生活

「相信自己，勇於嘗試。」
是每次我遇到困難時，母親給我的溫柔鼓勵。

在不同國度語言不通的兩群人，雞同鴨講，最後什麼也沒傳遞出去。

每天放學後，我拖著滿身的疲憊，還有說不出的失落回家，抑鬱地坐在客廳沙發，回想剛剛上課時是否說錯了什麼步驟？應該要怎麼講學生才會理解？看見我憂鬱的神情，母親總會端著一杯茶過來關懷我，聽完我的困惑，她淡淡地說：「來，拿課本出來，我講一次給妳聽。」

「學生容易一看到數字大小，就忽視了數字在分子和分母間存在的意義，所以妳只要在這裡解釋清楚……。」

「我們大人看到這個就能……小孩子容易誤以為……。」

母親翻開課本，一頁頁地告訴我每個觀念中學生容易會有的誤區，隨著母親的講解，我才明白自己教學時哪裡講太快了，哪裡需要再多說明一些。好多個夜晚，母親就這樣不厭其煩地坐在小小的書桌前，一筆筆地帶我走過茫然。

看著母親自信的模樣，我既是敬佩，又覺得憂鬱，「教書太困難了，我真的有辦法把學生教好嗎？」

「不要急，妳才剛開始當老師呢，熟能生巧！」聽著我的喪氣話，母親反而溫柔地笑了出來，她伸手輕輕地拍著我的肩。

「惠美，我相信妳做得到！只要仔細觀察學生的反應，經驗累積多了，就會知道該怎麼做啦，別擔心，我會陪著妳。」

儘管有母親的鼓勵，但剛開始當老師的那段時間，我對自己的教學能力始終沒有太大信心，加上接連的挫折，讓我更加反覆質疑自己。幸好母親始終不曾放棄我，她相信我有辦法克服難關，相信我會成為一位好老師。每次看著她溫柔的眼神，我就能找到繼續投入教學的勇氣。

在我心目中最好的老師就是母親。她是綿綿春雨，潤物細無聲，用她的溫柔堅定讓我成長。

工作幾年後，我結婚了，因而搬出住了二十幾年的老家，接著，兄妹們也陸續離家，後來僅剩退休的母親獨居在那。好在我與母親仍住得近，還能互相關照。只要一得空，我便會從石牌開車回板橋探望。

「媽！我回來囉！」我歡快地喊著，伸手推開咖啡色的大門，帶給母親的東西還沒放下，便開心地與來迎接我的母親話家常。

「媽，我今天帶來很甜的芭樂喔！我去廚房削給您吃。」

「謝謝！但我今天不想吃……。」

「那我幫您冰到冰箱，您想吃就自己拿！對了，我不只帶了芭樂，還買了一串香蕉，攤販跟我說產地在台東，吃起來口感綿密又香甜。」

我走進廚房，把芭樂冰到冰箱、香蕉放到桌上。走回客廳時，母親站在窗邊凝視著遠方，不知道看到了什麼，眉頭緊緊皺著。

「惠美，妳來一下。妳看，對面樓頂上的水塔有一個很奇怪的人，他已經在那站一整天了。」

母親指著遠處的建築，語氣有些激動，我站在母親身旁伸長脖子跟著往窗外看。

「在哪？我沒看見有人啊。」

「有啊！妳看就在水塔那啊。」

「等等喔，我仔細看看。」

我轉身離開窗邊，從抽屜翻出平日登山用的望遠鏡，朝著母親指的方向看過去。

水塔前方依舊空蕩蕩的，並沒有任何人影，不過塔身因為年代久了，有不少斑駁脫落，再加上陽光照射產生的陰影，一瞬間看起來的確有點像有人潛伏在水塔旁的模樣。大抵如此，母親才會不小心看錯。

因為每個人都有自己的想法和喜好，所以必須謙卑地走進他人，
才能讀懂他人的內心世界。不放下就會讀不懂。

「媽，那裡沒有人啦，您說的應該是油漆脫落的陰影。」我把望遠鏡遞給母親。

「不是！我就跟妳說了，那裡真的有人！」母親一把推開望眼鏡。

母親聽到了我否定的話語，臉馬上垮了下來，露出不悅的表情，我驚覺苗頭不對，連忙轉移話題，推著母親的背將她帶離窗邊。

「好啦！媽，窗邊的陽光太刺眼，我們別看了，坐下來休息一下好不好？」

我不懂母親為什麼會如此堅持，也不明白一貫溫柔的母親怎麼會突然發怒。只是暗忖或許該找個時間帶母親去檢查視力，替她重新配一副新眼鏡了。

「媽，我一陣子沒回來了，您最近過得好嗎？」

母親像是找到了機會，頓時提高了聲音，滔滔不絕地念著：「隔壁鄰居每天下午三點多都在家健身，啞鈴粗魯地摔在地上，乒乒乓乓很吵欸！

但我又不好意思問……唉！」

母親的語氣透露著不耐，不曉得為什麼，她的心情似乎十分焦躁，一點也不像以前的她。更讓我吃驚的，是以往從不輕易批評別人的她，竟開始跟我埋怨起生活中的人事物。我以為是獨居的孤單感，才使她一時情緒失控，於是低聲地安撫著她。

每次回老家，我都覺得時光過得飛快，一眨眼，原本亮著的天空便染上了紅霞，整個空間都暗了下來。儘管還想多陪陪母親，但家裡還有不少事情等著我回去做，只好趕忙收拾東西，準備開車回石牌，母親起身，如往常般走到門前送我。

「媽，那我先回去囉。」

「路上小心，不要開太快啊。」

「放心，我可是安全駕駛。」

我回過身朝母親擺了擺手。那一瞬間，我瞥見母親眼神裡閃過了一絲傷感，而走廊的燈還沒開，讓站在門口的母親像是浸在陰影中。看著這景象，我竟油然地產生了悲傷。

以前我總覺得，母親儘管個子嬌小卻相當堅毅，像是沒有什麼事情會難倒她；現在，母親似乎不再像以前一樣給我無堅不摧的印象，她像是被一種說不清道不明的悲傷給籠罩，眼神滿是憂鬱。

雖瞧見了母親的悲傷，卻不明白她為什麼悲傷；看見了母親的無助，卻不知道她無助的緣由，母親低落情緒的背後，是一個我無法觸摸更無法知曉的黑洞。那瞬間，自責感捲上了心頭，於是我放下手裡的東西一把抱住母親。

那是母親第一次袒露出內心深處的脆弱，只是當時的我並不知道這意謂著什麼……。

「我跟妳說，不知道是誰竟然把我記事本其中的一頁撕下來了！真是的。」母親語帶不滿地嘀咕。

「在哪呢？我看看。」我湊上前接過母親的記事本。

母親相當自律、愛整潔，甚至可以說有些潔癖了。即使再忙，家裡都打掃得一塵不染，任何縫隙的灰塵都逃不過母親的眼睛。我常常笑母親，把自己家裡打理地跟個小型百貨公司似的，四處井井有條。

打開母親的衣櫃，衣服是分門別類地按照季節擺放，每件衣服都摺疊得方方正正、大小統一，再依顏色漸層排放。抽屜也是，用不同的小收納盒，將東西收納得整齊美觀。她也很愛惜東西，所以每個物品在母親手上，總能用很久。

碰見問題時，先記錄當下的場景和自己的念頭，
把發生的事梳理清楚了，才能更平靜地看待問題。

如今細心收在抽屜的記事本竟不知道被何人撕下，的確會讓嚴謹的她感到不快。

將記事本翻開一看，本子裡確實有一頁被撕下的空缺，但翻到封底，卻夾著一張紙，看款式，就是這本筆記本的紙張。仔細檢視撕下來的頁面，邊緣相當工整，像是被一位做事細膩的人小心翼翼撕下。況且如果是旁人撕走的，應該不太可能工整地對齊、折起，又把筆記紙夾回去。

「媽，這會不會是您自己撕下來，但您忘記了？人家要撕的話，早就撕走了，不會特地又夾回去啦。」我忍不住轉過頭問。

「不是我，絕對不是我！我自己撕的話怎麼會忘記呢！」母親氣惱地堅持。

「嗯，說的也是，那我們再觀察一陣子看看。」

我默默將記事本闔上，還給母親，沒有再多做評論。雖然從種種跡象，看得出是母親自己所為，但她畢竟年紀大了，難免會忘掉事情。我於

是不以為意，只當作是一件偶發的事件。但沒想到母親遺失東西的頻率越發增加，而且情緒也比以往還要焦躁。

「惠美，妳有沒有看到我的存摺？不知道是誰又亂動我的東西，我的存摺不見了。」

「沒有啊。不是之前才剛幫您找回來嗎？會不會是您又忘記放哪了？」

「真的有人拿走了我的存摺！我上次明明就把它收好了，這陣子也都沒有拿出來。到底是誰亂動我的東西！」

「媽，沒關係，我們一起來找。」我和母親一同翻箱倒櫃，逐一拉開家中的抽屜、櫥櫃，甚至連桌椅的隙縫都不放過，但找了老半天還是不見母親存摺的蹤影。從艷陽高掛一直找到夕陽西下，才在老舊映像管電視厚重的底部找到存摺。

我有點困惑，為什麼東西會出現在那裡，卻沒有一個合理的解釋。

而這並非單一事件，母親遺失的東西什麼都有，除了存摺，還有身分證、健保卡、印章……每每總是要翻箱倒櫃，才可能在某個角落找到，而找得到還好，更多的時候，我們累得滿身大汗，依舊找不到母親到底把東西收到哪了，只得不斷為母親補辦證件。我以為母親是因為年紀大了，才會記憶退化成這樣。

直到那年的春節，我才明白，原來不是這樣的。

那年春節，母親去哥哥家中過年。初一一早，母親便突然慌張地走到嫂嫂面前，對嫂嫂說：「妳知道嗎？妳媽媽剛剛過世了，妳看妳哥哥跟一群人站在那兒祭拜。」

嫂嫂當下愣了半晌，不明白為什麼婆婆忽然無緣無故地說自己母親過世了。

「媽，您是不是睡糊塗、弄錯了？」嫂嫂按耐住不悅，冷冷地回應。

「真的、真的。我親眼看到妳哥哥在那裡啊！」母親一臉慌張地指著客廳一隅，但母親所指的方向除了一套沙發椅外，根本空無一人。

在醫院擔任護理師的嫂嫂馬上察覺母親的怪異，趕緊通知哥哥，將母親送到醫院做檢查，才得知原來母親是罹患了失智症。

出現幻覺，心情容易憂鬱悲觀，脾氣變得固執會亂罵人，時常忘了物品放在哪裡——母親這陣子所有異常的行為都找到了解釋。

後來，我才在與親友的言談中得知，母親其實在更早之前就偶爾會有記憶缺失及看到幻覺的症狀了，只是母親在我們三個孩子面前習慣逞強，所以絕口不提自己有幻覺、幻聽。也由於母親的日常應答與行為能力等皆如常人，我們一直沒有察覺她的異狀。

全家人都難以接受母親會得失智症。在我們心底，她一直是最聰明能幹的人，怎樣也沒想過有天她會生病，失去原有的記憶、判斷和口條。

我勸母親搬來與我同住，這樣我就能照顧到她的生活起居，但母親卻不斷搖頭。說自己已習慣老家的生活步調了，搬到別處反倒不自在。幾經

唯有自己先站穩了，
才有辦法給予他人依靠。

斟酌後，我們決定尊重母親的想法。

擔心獨居讓母親會退化得更快，所以每天找到機會，我就會打給母親，陪她聊天，更要她提筆記錄每日行程，讓她藉著書寫慢慢鍛練思路，也翻出《三字經》、《弟子規》帶著母親背誦，不想放棄任何可以幫她的可能。

只要一有時間，我就會回老家陪在母親身旁。我相信她的病情會得到控制，但母親的狀況卻越發嚴重，甚至有天，連回家的路都找不到。

「鈴——鈴——」

聽見來電鈴聲，我急忙拿起手機，快速看了一眼，是不認識的號碼打來的。

「喂？請問哪裡找？」

「喂——請問是陳金女士的女兒嗎？我們這邊是板橋警察分局。」

「我是，陳金是我媽媽。警察先生，請、請問發生了什麼事情？」聽到是警察局打來的，我的心臟開始狂跳，忍不住將手機握得更緊。

「妳母親剛剛出門後忘了家在哪裡，後來到處亂敲別人家的大門，是熱心民眾報案將她送到警局的。我們查了她身上的證件後才聯絡上妳。」

「警察先生，謝謝！不好意思，我立刻趕過去。」掛完電話，我仍是十分茫然，不敢相信母親竟會找不到回家的路。

因為母親意外走失的事件，讓我驚覺不能再讓她獨居了，便與先生商量，打算先搬回老家與母親同住，方便隨時照顧她。先生非常體諒我，馬上表示贊同。我於是回到了家中，開始了照護母親的生活。

「惠美，我有點渴，可以幫我倒杯茶嗎？」母親指向茶几上的杯子。

「好。」

我拿起杯子走進廚房，幫母親倒了杯茶，再走回客廳遞給母親。

「媽，您要的茶。」

母親一臉困惑地望向我：「茶？我沒有要喝茶啊。」

「有啊，您剛才跟我說您想喝茶呢！」

「我沒有說過這樣的話。」

「您剛剛不是自己指著杯子，請我幫忙倒茶嗎？」

「胡說，根本沒這件事！」

我下意識地想繼續跟母親解釋，但說得越多，母親就越不耐煩，回話的語調漸漸提高，臉頰也因為生氣而脹紅。

明明就是妳自己叫我幫妳倒的！虧我剛剛還認真測試水溫會不會太燙，結果妳馬上就反悔。我不平地在內心嘀咕著。

就在我打算盡快向母親道歉，止住這場無端挑起的不愉快時，母親卻又將話題轉向，憤怒地質問著我。

「我問妳！我的錢為什麼都不見了？我本來都收在這裡的，是不是妳偷走我的錢？」母親將手伸進身上穿著的背心口袋，來回翻找，帶著怒意瞪向我。

我張開手心、上下反轉，嘆了一口氣：「媽，錢沒有不見。您上次忘了從口袋拿出來就直接把衣服拿去洗了，我發現後才把錢拿出來放在窗台曬乾，當時有跟您說啊，您忘了嗎？」

「沒這回事！我怎麼可能把錢忘在口袋，一定是妳偷拿的！為什麼胡扯說是我忘記！我哪可能忘記！」

急著傳遞真相的心被母親的連連罵聲遏止，到後來，我也記不清是怎麼安撫母親情緒的，只記得母親嚴厲的斥責，像是跳針的卡帶，一遍遍在我的腦海反覆放映。她憤怒的表情和尖銳的話語，深深刻在腦中，怎樣也抹不去。

「我明明已經很努力了，為什麼媽媽還是不滿意？」我躺在床上翻來

每個渴望證明自己、急於反駁的背後，
都藏著一顆害怕被否決的心。

覆去，然而現在心裡再怎麼難受，也沒有人會輕拍著我的背，溫柔地安慰我了。

最困難的，還不是忍受母親難以捉摸的情緒，而是每每帶母親外出就醫時，她總是不知為何地牴觸，讓我疲憊不堪。她會像個幼兒似地耍賴，站在路旁抵死不願坐進車內，為了要順利讓母親坐進後座，我們倆總得在車門邊僵持上許久。

「媽，我們要搭車回家囉。」我拉開車門對母親溫和地說。

「我不要。」母親說完，扭頭轉身就要離開，看得我慌忙伸手上前攔住她。

「媽，我們上車好不好？」我輕輕地牽起母親的手，想領著她走回車門邊。

「我說過，我不要！」

母親緊鎖雙眉、低聲喝道，甩開我伸向她的手，雙手死命抵住車門框，兩隻腳用力踩著地面，抵死不願踏進後座。我一把抱住母親身體，忍著她的肢體推拉與怒斥，苦口勸說才半強制地將她推進車內。

「妳在幹嘛，為什麼要這樣對我？」

母親的碎念不斷從後座傳來，我則不發一語地擺動方向盤，專注盯著前方的街景試圖分散快爆發的怒氣。除了委屈，還有傷感，想到原本溫文有禮的母親，如今竟變得這般無理取鬧，眼底便忍不住湧上淚水。

我覺得好挫折，就算想要靜下心跟母親好好溝通，卻總是以失敗告終。小時候母親很少嚴厲地斥責我，卻在我年近半百的時候，開始不停經歷與她的衝突。

激烈戰火後，母親情緒過了，往往也就忘了自己說過的話，只有我仍不停回想那些片段，反省自己到底哪個環節做錯了，讓母親這麼激動。母親不加修飾的言詞如一把利刃，毫不留情地刺進我的胸口，好不容易拔出，隨即又會再被新的一刀刺傷，一次又一次，越刺越深。

母親越來越不像記憶中的樣子，她以前明明是那麼和善可親、洋溢著溫暖。在我心目中她一直是溫柔的細雨，給我無盡的愛，讓我得以成長，而今，細雨不再，轉眼間成了怒號的暴雨，在風雨之中，我瑟瑟發抖，不知所措。

夜裡母親入睡後，我常凝視著她熟睡的模樣，暗自神傷，只覺得這臉龐既熟悉又陌生，兀自期盼天亮後，睡醒的她就會恢復以往的神采。但時間終究是一去不復返的，即使我再怎麼祈禱，歲月依舊不可能重來，無論如何，母親都回不去從前的模樣了。

我的酸楚與痛苦持續了好一段時間，直到某次去上了佛學課程，才開始有了不同的觀點。

開始學佛，是幾年前的事情了。因為拗不過同事的熱切邀約，於是我報名了每週一次的佛法成長課程，課堂學習內容包羅萬象，既談生命的方向，也聊家庭的關係，還會探索自己的內心。在母親生病以前，我總覺得自己很幸福，既有溫暖的原生家庭，還有疼愛我的公婆、體貼的丈夫和三個乖巧的孩子，在學校的工作也獲得很大的成就，因此每週的課程對我來說僅是生活中的調味，聽了，學了，卻始終不深刻。

直到不久後母親確診為失智症，上課心情才隨之轉變。我比以往還要投入於課程，專注地聆聽那些轉念的方法。我渴望一個救贖，一個緩解壓力的空間。

「我們每個人就像是一本書，有各種各樣的思想，所以，必須懷著謙卑的心情走進他人，才能真正讀懂他們的內心世界，不放下自己的想法就會讀不懂。」記得有一堂課，我聽到了這段話，頓時便想起了母親。

母親認知能力衰退後，常與我爭論不休，因為不明白為什麼母親會有

與她接連發生的衝突和矛盾，再再提醒著我，
在還沒有理解他人之前，不能一昧地將自己的期待強加於人。

這樣的想法，因此性格直率的我總會下意識脫口否定，想改變母親的想法，卻引起母親的不悅。

「每個人就像一本書，要學著謙卑。」我反覆思索著這段話。

母親就是一本我沒讀過的書。我總用自己的角度去看母親，自以為讀懂了，卻沒去理解書中文字寫些什麼，也因此與母親產生極大的衝突，她更緊緊地掩住書頁，不讓我靠近。

或許我得放下原有的堅持與習慣，從母親的角度出發，理解她心裡在想什麼。

為了摸索出跟母親的最佳互動方式，每天睡前，我都會獨自坐在書桌前，打開檯燈，將一天中與母親發生的事情用筆墨書寫，除了回想當下的情景，還會記下那時的心情、湧現了哪些念頭。透過文字我練習重新梳理當時的場景，嘗試不要老是看到母親與以往不同的行為，學著接受母親的現況，琢磨著應該如何做才能與母親有更好的互動。

習慣做紀錄後，我的心情平穩了許多，也更能用穩定的心態去面對母親這一本我不理解的書。我也開始明白，唯有自己站穩了，才有能力給他人依靠。我希望自己能如一盞立於夜色的燈，為母親與自己帶來光明。

「惠美，妳看。對面的水塔那站了一個人！他站了一整天了呢！」母親指向窗外的水塔。

我順著母親手指的方向望去，依舊只看到水塔斑駁的塔身與陽光照射造成的陰影，母親又產生了失智症患者常發生的視幻覺症狀。

本想告訴她那只是陰影的我，張開口，卻又停了下來。我想起先前直接否定母親想法時，意外引發她憤怒的經驗。

母親，過去一直是位充滿自信的人，說的話、做的事井井有條，然而自從得了失智症開始，人們便不斷對母親說她做錯、說錯了什麼。當自己所有的認知都與他人不同，不斷被旁人否決，那將令人感到何等的不安？而換位思考，如果是我處在母親的位置，肯定也會與母親相同，會因急著想證明自己是對的，急躁地做出回應。

不斷被質疑的母親，內心究竟會有多徬徨？

想到此，我便對母親心疼不已。

若我想安定母親的情緒，就應該嘗試走進她的內心，站在她的位置，給予同理與肯定，讓她雖處在因失智而變得陌生的世界裡，依舊擁有溫暖與依靠。

既然無法讓母親回到以前的模樣，至少要讓她感到安穩吧！因為揣想了母親的心情，於是我決定做出改變：當母親言行前後不一致時，不再糾正她，而是耐心傾聽她說話，她說了什麼就順著話語接下去。

「是啊！那個人站那麼久一定很累，您觀察真仔細。」我搭著母親的肩，給予肯定。

「對呀，我也覺得那個人好辛苦！太陽那麼大還待在那，這天氣站那麼久肯定熱壞了。幸好我們是舒服地待在家裡。」母親點頭附和，不知道是否是因為得到了肯定的答覆，她不再拚了命地想爭辯，只是一直盯著窗外，心疼眼裡看見的那個人影。從她微弓的背影裡，我看到的是母親全心關注他人的溫柔，這模樣實在太可愛了，讓我揚起了嘴角，忍不住給了她一個環抱。

「唉呦，幹嘛呢！」母親對突來的擁抱有些反應不過來，拍了拍我的手臂。

停下擁抱的動作，我握住母親的手，這雙手似乎從沒變過，掌心儘管布滿因長期拿粉筆留下的粗糙紋理，卻十分溫暖。

照顧，不只是關注對方的身體，
應該連心一同照顧，予之同等的善意和尊重。

為了讓母親放鬆心情，天氣好時，我會開車載著母親出外散心，也讓她多接觸人群。而當我拿起車鑰匙牽著母親走出家門，母親一如以往地突然使起性子。

「我不要——」

「媽……。」

我下意識將母親牽得更緊，而那握住的左手也隨即朝著反方向奮力抵抗，我仍困惑於母親為何會對出門抱持如此大的抗拒？

看向緊緊抓住車門框不放的她，那個癟起嘴、緊抓著身旁所及物件，死死反抗的模樣，好熟悉。我不由得回想起自己孩提時頻頻經歷的情景，身體不適的我，總緊緊牽住母親……。

「媽媽，您不要走！」我緊緊抓住母親的衣擺，哭著對她喊叫。

母親停下欲向前的腳步對我說：「我上班要來不及了，惠美乖，妳放開手好不好？」

「不要——您不在家，我會很害怕。」

「好——我會陪著妳，妳別哭了。」

回憶的畫面接連浮現在眼前，當時年幼的我並不能理解母親得獨自撐起家計的辛勞，只是單純期待母親能一直陪在我身邊，千方百計地想拖住趕著出門工作的她。現在想來，都為自己當年的孩子氣感到歉疚，但母親那時候似乎完全不在意，永遠是那麼有耐心。

「會不會母親也是……是不是現在的她也正處在害怕之中？」

是不是我強拉母親的舉動，也造成了她內心的恐懼？是不是反而因此讓她生起對所處環境的不信任？因為她不知道該怎麼將心情說出口，所以只能用肢體反抗。

或許讓母親感到安心，是關鍵的第一步。

沉思了半晌，我突然靈機一動——以前母親最愛跳土風舞了，或許藉著跳舞的名義讓母親放下心房，會是個很好的辦法！

「媽，我們不坐車了，我們來做別的事好不好？」

我鬆開母親的手，提起右腳向後退了一步，微傾上半身做了一個土風舞的開場姿勢，雙手轉了一圈，對母親說：「媽，我們一起來跳舞。」

母親停下了原先的掙扎與喊叫，不解地望著我。

「您以前不是最喜歡跳舞嗎？我們來跳舞吧。」我笑著對母親做了一個邀請的動作。

母親抬起頭看了我一會，然後鬆開雙手不說話。又過了一會，母親臉上的恐懼慢慢淡去，笑容悄悄浮上她的嘴角，母親也舉起了雙手，移動腳步，輕盈踏著韻律與我一同在日光下翩翩起舞，我與母親相識一笑，一同踏著腳，轉起圈。

跳著，跳著，隨著舞動，母親笑得更加開懷，來回跳了幾輪，我們的動作漸漸慢了下來，有些跳累了。

「媽，您跳得還是跟以前一樣好，我們到車上休息一下好不好？」我拉開車門微喘著說。

「好啊。」

我扶母親進入車內，不禁泛起了滿足的笑，終於成功了啊！過往總搞得硝煙四起的場面，如今顯得充滿趣味。原來母親並非無法溝通，只是過去的我沒有找到合適的方法，沒有理解母親心裡的不安，只是強硬地希望她照我的意思做。

母親雖因失智症而無法流暢地表達出自己的想法，但失智症困住的是母親的行為，並沒有困住她的感受能力。雖然記憶不再連續，但母親依舊能感受這世界的意念與情緒，並給予回饋。所以照顧母親不能只關注於她的身體，應該連心一同照顧，予之同等的善意和尊重。

人生若沒有經歷風雨，
哪能因豐沛地滋潤而昂首成長？

母親依舊如同料峭春日中的綿綿細雨，輕柔而無聲地滋養著我。我曾以為，罹患失智症後的她是驟降的暴雨，讓我在雨中被打得彎起了腰，但若沒有這些風雨，我哪能因豐沛地滋潤而昂首成長？

陪伴母親的過程，我曾經痛苦萬分，卻也從中學到放下自己，學會用謙卑的心走近她，這或許，也是母親用她的經歷，為我帶來的一堂最重要的生命課程。

# 和你一起捧出慈心的味道

李豐達 文 洪琳惠

雖然撐起一家店，既困難又辛苦，
但我始終記得我的本心——要靠自己的雙手，帶給爸媽幸福。

縱使站上了事業巔峰，
離鄉多年的浪子，漂泊久了總會想家。

「我聽朋友說有間素食餐廳要頂讓，不如你回家吧！」電話那端，母親眉飛色舞地提議：「你是廚師，我跟你爸又剛好都吃素，我們在老家開一間素食餐廳如何？」

相較於母親的天馬行空，向來穩重的父親並沒有說什麼，但我明白，總是以家人為重的他，心裡一定是同意的。

「媽，我考慮一下。」

嘴上雖這麼說，但心裡的天秤已悄悄偏向了家裡。我想著，不妨試試看吧？我已經從學徒熬成高級餐廳的主廚，龍蝦、干貝、鮑魚、菲力牛排各種山珍海味都料理過，現在只不過是炒炒菜做個素食，同時還能回家盡孝，何樂而不為？

離鄉多年的浪子，漂泊久了總會想家。

下定決心是最難的環節，過了這關，一切便覺海闊天空：接手店面的過程十分順利，看過店面，談好租金，完成簽約，之後便開始忙於打包搬家物件。好不容易萬事就緒，帶著輕鬆愉快的心情，與家人前往新店面做開幕前的布置，志得意滿的我從車裡往外看，卻愣住了——

「怎麼回事？」

上回來談轉讓時，小小的店面整齊有序，桌椅鍋碗俱全，只要備好食材就能開張，可是現在映入眼簾的卻是一片混亂，我趕緊停車衝進店裡。天啊！不但有些桌椅不見，外帶餐盒的包裝材料全部消失，就連廚房裡原本完整的爐具和鍋碗盤盆也變得七零八落，地上滿是灰塵，簡直像是才剛裝潢到一半就停工的工地。

與我同行的爸媽面面相覷，不知如何是好，我意識到自己必須有所行動，便立即撥打轉讓者的電話。

「喂？我現在在店裡，廚房東西都不見，是不是門沒關好遭小偷了？」

「……店面轉讓不包含生財工具？可是當初跟你談的時候，你沒有提到啊！」

「什麼？如果想要東西都搬回來，要多付十八萬！」

不愉快的通話草草結束，我腦中突然靈光一現，是否該查一查原店面的風評？拿出手機點開搜尋頁面往下滑，極低的星級評分和一條條負評閃動，如重捶般敲得我心臟一陣陣疼痛，耳中嗡嗡作響。

按耐住情緒，勉強睜開眼睛面對現實。看著眼前這一片殘破廢墟，實在不知道該從哪裡收拾起。

我辭掉了月薪高達七萬的飯店工作、貸款借錢才勉強湊出開店預備金、這就是我所期待的人生新起點嗎？是不是太魯莽了？如果重新選擇，我還能有拋下一切返鄉的勇氣嗎？

辭職後，頭一次產生了後悔的情緒，苦澀在口腔裡泛開。而這樣的情緒在後來辛苦支撐著餐廳，營收卻只能勉強餬口時，感受就更加強烈了。

回想起來，我之所以能夠堅持廚師這個職業，與我的父親息息相關。

我的老家原本在苗栗，父親年輕時就從事中藥生意，從學徒做起，直到考取正式執照，人生所有心力都投注在這個治病救人的行業。童年的我對父親最深的印象，就是反覆不停地在招呼客人，即使休息時間到了，打烊關上店門，他仍在忙碌地揀藥、製藥。貼牆的一大片藥櫃，密密麻麻的小抽屜所裝盛的不同藥材，父親如數家珍。

夜裡我睡了，朦朧中仍能聽見窸窸窣窣的包藥聲。

「當歸三錢，川芎一錢，牛膝一錢……。」

「這麼晚了，怎麼還不睡？」是母親的聲音。

「不行，客人的藥還沒包好，明天一大早就要的，治病如救火，不能

貪圖方便的行事，眼前也許輕鬆，
但一旦朝向了錯誤的方向，便離憧憬的結果越來越遠。

拖。」

我閉著眼，夢裡浮現父親的背影，永遠穿著潔淨的白衣，筆挺坐在藥櫃前，手持金色的小藥秤，瞇著鏡片後的眼睛，口中念念有詞，謹慎斟酌地計較著藥材是否多一克、少半錢。

「藥是救人的，差一分，缺一點都不行，那會害人！」父親認認真真地說。

說起來五個兄弟姊妹中，父親的教訓就數我聽得最多，不僅因為我是長子，還因為幼年的我精力旺盛又有些叛逆，除了不愛讀書，在同儕間也很講義氣，大概是怕孩子走歪了路，在我國中畢業決定選擇廚師這條路時，父親嚴肅地叫住我，說了一段話。

「世界上只有兩種職業穿白袍，一種是醫生，另一種是廚師，你知道為什麼嗎？」

「我不知道。」

「因為，這兩種職業都很重要，都要為人命負責。」

「為什麼？」我反問，心裡不太認同。醫生為病人負責這我可以理解，但廚師不就是煮菜給人吃的嗎？菜只有煮得好不好吃的問題，哪有人命那麼嚴重？

「醫生開藥診病，藥讓病人吃了，見不見效一兩天內就能反映出來。廚師做菜給顧客吃，你今天多加點化學味精，再加點合成香精，不但成本壓低，而且香濃美味，吸引顧客天天來吃，非天然的食物吃久了，病從口入，日積月累，十年二十年後，這位顧客可能長了腫瘤，也可能得了癌症，也許痛風關節炎發作……你覺得，這跟廚師當初省時貪便宜做出來的料理，有沒有關係？」

我想了想：「可能有關，也可能沒有啊！」

「爸爸開藥給病人之前，要先把脈、望聞問切，開藥後並不是結束，而是診療的開始，因為服藥後要觀察患者的病勢怎麼改變、有沒有好轉或惡化、原因出在哪裡？一個負責任的醫者要把這些資訊整合起來，最後從病人的回饋，反省當初的診療思路是否正確，能否調整精進，這才是真正的用心。」

父親摸摸我的頭，笑著問我：「所以你說，當一個廚師要不要用心？」

我懵懵懂懂地點頭，突然感覺「廚師」這兩個字的意義神聖了起來。父親教我，廚師和醫生的目標，都是希望人們活得健康！

爾後求學工作的路上，我看見了不少業內亂象，當年的「廚子」對許多人而言，是書讀不好的人才不得已選擇的工作，不受期待的結果，往往是自己也開始放縱自己。

和我一起當學徒的人，大多都是草率做完師傅交代的工作，隨意交差後趕緊下班。好幾次，打烊的後廚裡只剩我一個人，重新擦拭還帶著油汙的爐具，反覆刷洗黏膩的地板，默默把廚房打理乾淨。

醫生的手術台擺在人前，受人景仰尊敬，廚師的料理台隱藏在人後，已經夠低調了，怎麼能夠連廚師都不尊重它呢？

抱持著這個信念，我埋頭拖地，汗如雨下。

廚房後門突然開了，我以為是同伴，隨意招呼了一聲：「怎麼回來了？不是趕著去夜唱？手機忘記拿？」

「怎麼只剩你一個？」是師傅的聲音！

「師傅好！」我嚇了一大跳，連忙挺起身打招呼，慌亂間手裡的拖把差點掉落。「他們都收拾好先回去了，我想說再整理乾淨一點。」

「沒事，你忙。」師傅多看了我一眼，點點頭踱步離開。

這樣的情況不只發生過一次，後來，師傅對待我們這些學徒的態度，明顯產生了變化，師傅會在忙碌的廚房中，單獨指導我做菜的秘訣。

「5桌一份A餐！」

我把A餐的料備好送到料理台，正準備回去繼續切菜備料，師傅突

比起喋喋不休的叨念，父親總用他的言傳身教，
為我建構出一條為人的道德標準線。

然把我叫住。

「等一下。你過來，仔細看我怎麼做。」

師傅迅速倒油，晃鍋，當薄薄一層油液開始冒煙時，師傅讓我伸手感受溫度。

「看到出現油紋後，先爆香，等香味嗆出來，下主料，調味。油溫一定要抓好，拌炒要快。」

在師傅巧手下，一道金沙豆腐噴香漂亮地起鍋盛盤，綠色的蔬菜丁，黃澄澄的鹹蛋黃沙包裹住炸得酥脆的嫩豆腐，少許鮮紅辣椒絲點綴，濃郁鮮香的滋味隨著熱氣蒸騰，天然食材完美的搭配，在最恰當的時機點被火焰及油花昇華成最佳美食。

感念師傅的有意提攜，我像海綿吸水般求知若渴，迅速學會一道道菜色：西餐，中餐，各色料理——不到五年的時間，我成為知名餐廳的副主廚，負責專屬包廂的料理，管理大半個廚房，指揮數十名助手，經手各式

精緻的佳餚主菜。

直到差不多踏上了事業的巔峰，我卻突然感到說不出來的疲憊，甚至有點失去目標。

這時，來自家裡的電話，讓我萌生了回家自行創業的念頭。

「家」，對我而言曾是一個很朦朧的概念。

我的家鄉在苗栗，而我卻出生在台北。早年，父親離鄉背井前往繁榮的台北謀生，母親則是有錢人家的大小姐，性格單純天真，不諳人世疾苦，兩人之所以共組家庭，主因是外公外婆看上了父親的善良老實。

善良、老實，這是作為一個人極佳的品德，卻不見得適合做生意。偏偏父親的職業是經營中藥行，這個行業性質特殊，一方面做生意，一方面卻又是濟世救人。所以即使在生意最好的鼎盛時期，家中也難以累積財產。每每親朋有急難，家中僅剩的存款便會借出；也曾有同業聽聞父親的藥行價格低廉而前來探聽，對父親直言：「這定價太低，會打壞我們附近的市場行情！」

剛直耿介的父親並未因此調漲藥價，秉持濟世助人的心，以極微薄的利潤售藥，母親認為這是行善，也從不反對。此舉讓父親的中藥行在鄰里街坊間享有人人稱讚的好名聲，一度生意興隆，客似雲集、川流不息。

然而好景不常，全民健保的制度經過研議後開始實施，台灣人民在前往健保給付的醫院診所治療時，可獲得極低醫療費用的優待，而無法加入健保的中藥行，往往抓一帖補藥的成本價就高達百元，若使用等級特別高的藥材，如紅花、人參、靈芝等，一帖藥甚至可以貴到五、六千元，想當然爾，傳統中藥行難以抵擋健保的趨勢，迅速沒落下去。

於是，成長過程中，身為長子的我看見更多家中過得辛苦的痕跡。一家人曾住在臨路的老舊公寓，簡陋浴室沒有蓮蓬頭；甚至在學期即將開始的時候，面臨五個小孩加起來的學費，籌不出錢來的爸媽，得帶著我們一群小孩，去向親戚借錢……。

小孩子當然不知道大人互動背後的辛酸，兒時幾乎每年都要去富裕的大姑姑家走上一兩趟，便成了我的美好回憶。

「走，帶著弟弟妹妹，我們去大姑姑家。」

「耶！去大姑姑家玩囉！」十歲左右的我歡呼了起來，不用人催促就主動帶著弟弟妹妹，穿上鞋襪，興奮地站在門口等。

大姑丈的職業是公務員，在那個年代，家庭經濟堪稱穩定寬綽。

到了大姑姑家，親切爽朗的大姑姑不但會拿出小孩最愛的點心招待，而且總在吃飯時間問我：「等一下大姑姑帶你們去吃飯，好不好？」

我很想直接答應，但偷瞄父親時，父親並沒有點頭。

大姑姑摸摸我的頭，再次詢問：「不想去嗎？是你最喜歡的餐廳，有

一隻小小的蝴蝶努力煽動著翅膀，風裡就會因此增添一分清涼，
所以我只要盡自己最大的能力，哪怕力量再小，都能為這世界帶來影響。

玉米濃湯跟甜甜的麵包喔。」

雖然看出父親的猶豫，但還是抵擋不住美味的誘惑，我看著大姑姑用力點頭，「嗯，要去！」

「不能這樣，又要讓妳破費……。」

「哎，兄妹間說這什麼話？小孩子開心就好。」

餐廳裡，父親跟大姑姑坐在一側，小聲談著話，母親帶著我們一群小孩坐在另一側，這是童年中為數不多的開心時光，餐廳裡高雅的擺設和輕音樂，讓人自覺降低了音量；手持餐盤或菜單的服務生，舉止從容；送餐時廚房的門開啟，偶爾會讓我窺見廚房內的景象，門縫洩漏出迷人的美食香氣，廚師們穿著白衣在熱鬧無比的廚房穿梭——那是一個會帶給人快樂和富足的神祕領域，小小的我如此深信著。

被施了魔法般愉快的用餐時光並不長久，父親的中藥行支撐得愈來愈辛苦，總不能再一直借錢度日，終於，半大不小的我被送回老家，在社福

機構及政府的補助下，由爺爺奶奶幫忙照顧。

錢，一直是懸在我家頭上的難題，渴望當一個廚師的念頭，或許在當時就已經在我心底萌生。因為，廚師帶著魔法的雙手可以點石成金，讓人暫時遺忘生活的艱難，把平凡的食材幻化成香氣馥郁的美味，為人帶來幸福與笑容。

再後來，父親的中藥行也無力負擔大台北的房租，搬回了老家鎮上，從壯年意氣，到星點白髮，多年以來就這麼沉默地開著，即使乏人問津，父親的中藥行依舊挺立在那裡。

俐落以專業料理刀處理砧板上的生鮮食材，燃起爐火下鍋加溫，到最後擺盤前的細雕，每一個烹調環節我都會仔細構思著，希望給予賓客味蕾及視覺滿足的藝術品，期待望見每個人品嚐珍饈的驚喜。

我為什麼要放棄如日中天的事業，選擇回家呢？自己支撐一家店，真的好難、好辛苦。在經歷了返鄉創業前期的種種打擊時，我時常這麼問自己，然後想起我的本心：因為，我想靠自己的雙手，讓爸媽也露出幸福的笑容啊！

可是，爸媽跟我真的都因此得到幸福了嗎？很遺憾，現實不是童話，真相遠遠不如想像中美好。

每天，我在廚房中忙碌，一手舉著鍋鏟，一手拿著鍋子，一想到開店的貸款負債就完全不敢休息；偶爾人在外面採購食材，還會接到顧客打來確認訂單的電話，只因為在櫃台幫忙的母親不熟練，數錯即將出貨的便當數量，導致我不得不草草結束手上的工作，立刻回店裡坐陣，去做會計的工作；打烊時，本來應該是可以喘一口氣好好休息的時間，但每次清點當日營業額，現金卻老是對不上……從前當一個廚師，受人聘用，我只需要發揮自己的專長，把食物做到最美味的狀態就夠了。然而現在是自己開店做老闆，我不再只是主廚，還得身兼採購、會計、投資者、得自己打理所有內外場雜事。

有時交代父母一些店裡的事，老人家卻記性不好，只要一忙碌可能就會忘記；女友有時會來店內幫忙，但因為觀念上的差異，與母親起過幾次不大不小的衝突，而這些衝突最後衍生的情緒，也全都被轉移到我身上。

就算餐廳開始賺錢，我仍然覺得焦慮。不夠，還不夠，還不夠把貸款還清啊！諸事不順，一切的一切都令我煩躁，負面情緒逐漸累積，一天比一天更深。

好幾次，我情緒崩潰了，便一個人躲起來偷偷抹眼淚。哭，卻不敢大聲哭，因為，發洩完還得開店，也不想讓爸媽擔心。只是，有幾次還是被父親發現了，起初，埋頭掉淚的我並沒有察覺，父親不知道在旁看了多久，直到他悄悄走過來，輕拍我的肩膀，欲言又止，最後只化成四個字，雖然撐起一家店，既困難又辛苦，但我始終記得我的本心——要靠自己的雙手，帶給爸媽幸福。

和一聲嘆息。

「我知道你。」

我知道你。

父親知道我什麼呢？父親並不擅長言詞，我知道他想安慰我，但是，我一點都不明白父親知道什麼。父親真的知道我的壓力有多大嗎？有時候我都不知道自己還能怎麼撐下去，沒日沒夜沒有休息地工作著，貸款的重擔壓得人喘不過氣，晚上睡前還要擔心到失眠，父親真的懂嗎？

或許我的悲觀連老天爺都看不下去，一件讓全家猛然震盪的事情發生，把我從自怨自艾裡用力敲醒。

父親病倒了。

又是忙碌混亂的一天，餐廳打烊後，大家正準備休息，父親忽然被椅子絆倒，發出巨響。

砰咚！

「爸？有沒有怎樣？」

本來以為只是不小心跌倒，但當我們過去攙扶時，卻發現父親的右手右腳僵直無力，臉部微微歪斜，面對我們焦急地詢問，父親臉頰抽動，「沒……沒……。」努力了半晌，一句完整的話都說不出來。

「怎麼了？你怎麼了？」母親慌得不得了，手足無措，我心裡浮現一絲不祥的預感，將父親扶到一旁休息，走到角落撥電話給正在慈濟大學就讀的妹妹，「妹，爸好像生病了，手腳突然不能動，妳有沒有比較推薦的醫生？」

送醫，抽血，照X光，安排腦部斷層掃描，一系列檢查結果出爐，不祥的預感成真，父親腦部血液循環阻塞，中風了。

「醫生，為什麼會這樣？」

「你爸爸還在工作嗎？」

想到父親倒下的當天還在外送便當，我感覺一陣熱意湧上眼眶，用力擦了擦臉，壓抑流淚的衝動：「對。」

「一般來說是太累了，休息不夠，這個年紀的人，怎麼還這麼辛苦呢？」醫生搖搖頭。

太累了，休息不夠……。

我猛然醒悟。

我支撐著一家店，自覺壓力很大的時候，父親在做什麼呢？

父親在鎮上開的中藥行並沒有關店，哪怕只有一個客人，他也會細心地為那一筆訂單配藥包藥；沒有顧客時，他會拿出老舊的小藥秤，一克一克的，為餐廳裡固定販售的滷味製作純天然中藥滷味包。父親就這樣每天早起在沒有冷氣的狹小中藥行忙碌，接著，再從鎮上趕到位於市區的餐廳幫忙外場、外送，來來回回地奔波。

我在內場炒菜炒得汗如雨下，父親包好便當後騎上機車，頂著灼熱的太陽去送餐。我沒有一天在休息，父親同樣沒有。

我崩潰到哭的時候，父親笨拙地安慰：兒子，我知道你辛苦。

我撐著一家有父母幫忙的餐廳，可是父親不但獨力撐著一間沒有人可以幫忙的中藥行，還勉強抽空來幫我。父親自己的壓力卻從來不說，明明身為醫者，卻不顧身體健康的拚命，直到身體終於撐不住，倒下。

父親說，「我知道你。」我以為父親不懂，但原來，是我不懂父親。

即使病了，父親依然寬厚溫和，無怨無怒，我滿心愧疚，父親卻直說沒事，要我別忘了開店時的初心。

子欲養而親不待。
有些錯過，一去就不再回來。

「做了一件覺得好的事情，就抱著感恩的心，惜福的心，好好地去完成，這樣就好了。我們開素食餐廳，就是為了積福增善，這件事本身是對的啊，是我自己沒有注意到，沒把身體照顧好，不是任何人的錯。」

學習佛法多年的父親，寬厚地笑著。

以前我偶爾也會翻翻經書，但很難把那些教條式的格言聽進心裡，這是第一次，父親用他的生命把書本裡枯燥的文字變成珍貴的經驗，展現在我的眼前。

父親病後，我埋怨的心徹底平息，跌跌撞撞的腳步終於緩了下來，重新回到最初的原點。

做素食，從一開始就知道這一行不會賺大錢，這是行善積福的事業，所以只要按部就班地把該做的事做好，盡自己最大的能力，把善念推廣出去，讓它影響更多人，甚至影響這個小鎮、這片土地。整個環境因為我一隻小小的蝴蝶努力煽動翅膀，風裡就會因此多增添一分清涼，那為何要急躁呢？

照顧好自己，顧好家人的身體，才是永續不斷的本錢。

因此，我們的素食館有了規定的休息日，也因此，一年後窄小的原址租約到期了，我不再續約，而是頂著貸款壓力一次租下寬闊的四間店面，一半繼續開餐廳，另一半則是把父親無法割捨的小小中藥行直接搬到餐廳旁邊，讓休養痊癒後的父親安下心來，從此不必再兩處奔波。

「不管煮什麼食物，你要注意食材的源頭啊。」

做素食，父親在乎的並不是成品的口味或賣相漂亮，他最常叨念的就是要對食材的源頭尋根把關，一定要讓人安心、自己也願放心吃。

溯源，尋根。後來我放在掌心的每一株綠色青菜、每一顆彤紅蘋果、每一片傳統壓制的扎實豆腐，都能認出它們的根來自哪裡。

那我呢？我生命的源頭，又來自哪裡？

我很少去想自己與父親之間的關係，畢竟從小成長的歷程中，爸媽都不常在身邊，到現在回了家，每天與父母相處，才把許多年前斷裂的親緣重新彌補起來。

對於父親，我逐漸多了一分理解——在這之前，我小時候曾悄悄地在心中埋怨：父親怎麼這麼不會賺錢？沒辦法讓我們一家人過上優渥的好日子，當同學炫耀著新玩具，說著爸媽又帶他們出國去哪裡玩，我總是沒辦法加入話題……我甚至不曾去過學校的畢業旅行，只因這筆昂貴費用家中負擔不起。

可是父親在我心裡的地位，的確又是特別的。他不會開口閉口就要求我做好事、積福德、不計較得失，因為在開口說之前，他總是身體力行地先做，這種不求名、不求利、只求無愧於心的態度，其實無形中已為我建構出一條道德的標準線，在潛移默化之下，我學會凡事少說多做，要替人著想，要親身躬行。

行得正，坐得端，不計較。看似簡簡單單九個字，在與我同輩的年輕族群裡卻十分罕見，也是這樣的生活態度，替我牽起了一條又一條珍貴的善緣。

學習廚藝的過程，有主廚師傅的指導提攜；開店遇到困境，兩位在佛法課程裡結識的師兄，在我經營遇到低潮時，成為我最重要的貴人，不僅引介原物料的廠商、幫我拓展客源，更陪在我身邊，鼓勵我不要輕易放棄，我的心裡也有那麼一個聲音，要我撐住，萬事起頭難，堅持住一定有希望。

每一株青菜、每一顆蘋果、每一塊豆腐，都有它們的根，
那我呢？我生命的源頭，又來自哪裡？

店裡的食材和家人自己吃的食材，來源完全相同，煮給父母的每一道菜，都帶著期許他們平安健康的心，怎麼敢讓父母吃到有疑慮的食物呢？而端出去給客人的料理當然也一樣。

真正最難也最關鍵的一環，就是堅持只用無農藥種植的純淨食材。

「什麼？沒有噴藥的菜？你找不到的啦！」站在一大片菜園裡，農民對我搖頭，直言不諱：「如果都不用化肥，不用農藥，菜會被蟲吃光，沒人做這種虧本生意的。」

在我試圖向家鄉的農民接洽，穩定食材來源時，遭遇到的就是諸如此類不斷重複的拒絕。

熱情被打擊，沮喪失望是必然的，可是，真的要這樣放棄，又實在不

甘心。

這天早上，在菜市場上詢問了一圈，仍是無功而返，我低著頭，心事重重。

「真的沒有別的方法嗎？」就在前路茫然時，市場外傳來一個蒼老的叫賣聲，吸引了我的注意。

「來喔，過來看，阿婆自己種的菜，沒有灑藥的。」

婆婆戴著遮陽花帽，坐在路旁，皺紋縱橫的臉被陽光曬得黝黑，手指著身旁散亂的一小堆蔬菜：十幾根帶泥的紅蘿蔔，幾大把蟲蛀明顯的菠菜，少量的地瓜葉和芹菜，賣相明顯比不上市場攤位裡剛從冰箱取出、又大又新鮮的各式漂亮進口蔬菜，甚至因為曝曬過久，菜葉已經開始乾縮缺水，導致更加乏人問津。

我停下了腳步。

「阿婆，您自己種的？怎麼這麼辛苦？」

「啊，因為小孩都不在身邊，自己種菜又吃不完，能賣多少是多少啦。」

與阿婆攀談一會，帶走幾把蔬菜，我突然有所觸動，之前我太鑽牛角尖了，按照過去的職業習慣，一心要尋找能夠穩定供應食材的原料商，但是這種原料商所能提供的食材，幾乎全都是使用慣行農法種出的農作物。慣行農法是早年盛行的耕種方式，對土地加強施肥、以農藥或除草劑撲滅昆蟲，種出來的青菜除了外表碩大好看，也確保有穩定的產量能供給市場所需。

但隨著科技醫療的發展，人們的健康狀況逐年衰弱，許多學者紛紛投入研究，才發現這些漂亮蔬菜內部所含的營養物質、微量元素，已遠遠低於幾十年前的數據，追求高產量的鮮亮作物，恐怕就此埋下長期透支地力的後果。

我和父母都不是科學家，以前也從未注意過這些數據，但我們在餐廳開張前，曾無數次調配菜餚、試吃，篩選的過程中，用最真實的味覺、嗅覺，謹慎地決定必須使用無農藥的農作物。

記得在我童年時期，田裡有蝦、有泥鰍、有蝌蚪、有大肚魚，一塊稻田裡就是一個豐富的生態圈，是小孩心目中充滿寶藏的樂園。然而隨著農藥的大量施用，短短十年內，稻田裡只剩枯黃的秧苗和除之不盡的外來客福壽螺，清澈見底的水裡，連一隻游動的小魚都不再出現，平靜無波，漸漸失去了活潑自然的生氣。

我一直深信，做菜的人要抱持著真心誠意款待他人的心，煮出來的菜才好吃。那麼，一塊死氣沉沉、失去生機的土地，真的能種出我們所需要的誠意蔬菜嗎？

我總算跳出了「我需要什麼」的矛盾循環，轉而開始思考，「別人需要什麼」。

這裡曾是人口外流嚴重的農業縣市，有許多老一輩的人，如今子女不

跳出了「我需要什麼」的矛盾，
我才開始轉而思考：「別人需要什麼？」

在身邊而孤獨守著家裡的祖產田地，他們大部分都像那位在市場外賣菜的阿婆一樣，雖然沒有精力大規模種植，但還遵循著早年的習慣，在三合院旁的田地裡隨著季節輪替，種植蔬果自用，用心照料這些蔬菜的過程，同時也是在排遣寂寞。

獨居的老者，空曠的土地，多餘的蔬菜……他們最需要什麼？是關心，陪伴，以及被肯定的價值感。

與父母討論過後，我開始規劃下鄉收菜的行程，委託行有餘力的老人家們種植店內所需的蔬菜。等他們收成時，只要一通電話，不管無化肥蔬菜長得有多瘦小，綠葉上有多少蟲嚙的坑洞，只要是新鮮無汙染的天然農產，一律收下。老人家不必再自己想辦法賣掉剩餘的農產，更有人定期探望關心，定期提供素食便當，甚至有些叔伯阿姨，就此變成餐廳的常客，連他們的子女都因此認識了素食，這些都是我始料未及的收穫。

「老闆你好，你還記得我嗎？我媽媽以前常常過來吃飯的。」
「啊！我記得啊，阿姨不是最喜歡吃我們的滷味嗎？好像很久沒看到她了？」
「我媽媽她……得了癌症，以後沒辦法再來吃飯了，她人在醫院的時候，都還在念著想要再來你們餐廳，我要代替媽媽，謝謝你們讓她吃到安心的飯菜。」
不久後，我們餐廳接受委託，承包了阿姨的告別宴。我心裡默默誦著祈福的經，慎重地回想阿姨的喜好，做出一道又一道凝聚心意的家常菜，仔細擺盤端了出去。沒有人大聲哭泣，碗盤湯匙的撞擊聲都很輕，大家紅著眼眶，專注地吃飯，長年無法陪在阿姨身邊的子女，緩慢而認真地咀嚼，似乎在感受母親臨走前還在懷念的飯菜，究竟是什麼滋味。

「老闆，謝謝你。」

安靜而誠摯的一餐飯，感傷卻溫暖的道別。至今閉上眼，我仍能輕易想起阿姨獨自來用餐時，有時候帶點寂寞的碎念。

「唉唷，你們這個真好吃，是怎麼做的啊？真想帶我兒子女兒來吃吃看……。」

樹欲靜而風不止。往往老人家只是嘴裡計較兒女怎麼好久還不回來一趟，等到下次看到孩子，心裡就又滿足了。

子欲養而親不待。有些錯過，一去就不再回來。

還好，我回來了。

「爸，媽，吃飯了。」

又是一天的打烊，最後一位顧客走出餐廳，我炒好最後一道菜，敲敲忙了一整天而僵硬的肩膀，招呼爸媽吃飯。

餐桌上擺的菜，全是今天準備給客人的剩餘食材所做。

四季豆炒豆干，豆干來自傳統老手藝的豆腐工坊，接手的第二代和我一樣是返鄉青年。

油悶茄子，鮮紫色小巧緊實的茄段，來自呂伯伯家的後院。

醇香滷味切盤，降火的白蘿蔔、天然蔬果酵素發酵的臭豆腐、吸飽滷汁的美味烤麩，這是父親精心調配的滷包，內含甘草、香椿、胡椒、山楂，獨一無二的完美比例。

涼拌木耳，淋上我獨門的洛神花醬和橙汁醬，清新鮮香。

黃金泡菜，是父親和我一起埋頭研究原料，一一嘗試後才決定的醃漬配方。

猴頭菇藥膳燉盅，恰巧有客人訂餐，熬煮一大鍋販售後，剩下的美味就成了今日的意外之喜。

每一道菜的原料，都是當天餐廳用剩的邊角料，新鮮現做，除了外觀

我只是順著心，在漂泊的人生裡轉回了最初的港灣，
找到心滿意足的價值所在。

比較不好看，滋味與呈獻給顧客的菜餚一模一樣，母親幫忙盛飯，飯鍋裡剩多少米飯，就盡量吃多少，不再煮新的，每個人碗裡大多是鍋底焦黃色的鍋巴。

大家圍坐桌邊，靜靜默禱。與客人的小小衝突、忙碌時不小心口氣太差、慌亂中聽錯外送的地址號碼、找零算錯的五元十元、被熱油噴濺燙到的手、無償提供便當給僧侶和獨居老者的虧空、有客人嫌我們賣得比別人還貴、嫌米飯悶得不夠久不夠鬆軟要求退費、母親和父親對切菜樣式的意見不合……。

在寧靜裡，一整天的喧囂挫折遠去，飯菜溫暖的香氣瀰漫開來，足以療癒一天的疲憊。

「好，開飯了！」放下所有不愉快，大家開始動筷，放鬆的閒聊聲，漸漸充盈整個空間。

此時咀嚼每一口飯菜的感覺，同樣都是今天顧客用餐的感受，開店的

每一天，總是不缺困難與挑戰，但背後也有著不可複製的喜悅，更有過去的我不曾想過會得到的珍貴回饋。

身為鎮上唯一的素食店，有些回饋來自外地的客人：「哇，我找了好久才找到一間素食餐廳！還好有你們，不然都不曉得要吃什麼。」在地的婚喪喜慶若需要素桌，都會找我們去掌杓，參與各式各樣的人生百態。

媽祖繞境返程途經餐廳門口，店裡剛做好的點心、茶水就擺在門外，任信徒自取，收穫了來自四面八方不同人群的感謝。

滾滾紅塵，悲歡離合皆是情，一路行我所當行，只求今生無憾。

在這一年，一定是令許多人印象深刻的一年，無數的道別，遺憾，傷感，都發生在猝不及防的時候。幸好，我與家人凝聚心血經營的餐廳，懷抱著信念，努力支撐了下來，期間大大小小的波折、爭吵，都如浪濤海潮，氣勢洶洶捲來，又驚險地退去，讓一步海闊天空，有更多更重要的事，還等著我去做。

有人稱讚我孝順，我愧不敢當，孝子之名太沉重，沒有人是天生的孝子，我只是順著心，在漂泊的人生軌跡裡來了一個大迴轉，轉回最初的港灣，找到能讓自己心滿意足的價值所在。

「爸，媽，我回來了。」

這次回來好好陪你們，就不再讓你們擔心了。

# 親家、我家，幸福一家親

家人的認定，從來就不是因為姓氏，
而是因為愛。

蔡俊隆 文
廖雅雯

人與人之間最動人的情誼，
是真摯地為彼此付出。

除夕一大早，天色還未大亮，家裡已是人聲沸騰，電話響個不停，一會是大哥打電話來：「俊隆，你們幾點要回來拜祖先？」一會又是二哥：「俊隆，你們人回來就好，牲禮我都準備好了。」

孩子早讓太太喚起床，趕去外婆家當跑腿，我一邊收拾東西一邊對太太說：「我們也趕緊回去吧，別讓媽一個人煮年菜，太辛苦了。」

太太笑著搖頭：「你比我更像我媽親生的。」

「那是，我也覺得媽現在比較疼我。」我得意地說：「前幾天特地買了黑豬肉灌的香腸，說是我愛吃就多買了些。」

「好啊，還敢跟我炫耀……。」

和太太一路說笑回到了岳母家，太太的姪子維杉也從新竹回來過年了，和我們家兩個孩子圍繞在老人家身邊，跟前跟後。幾個孩子是一起長大的，感情深厚，維杉見了我和太太立即問好：「姑姑、姑丈。」

我關心地詢問維杉的工作近況，聊沒幾句，太太不耐煩地吩咐我們做事，「別乾站在那，還有很多事要做，要聊等下吃飯再聊。」

我和維杉相視而笑，乖乖地聽從太太的指令，不再多說。

我們家人都住得近，父母親、二哥一家和岳母是鄰居，不過是前後棟公寓上下樓的距離，大嫂二嫂很快就推門進來，「親家母，我們來幫忙了。」

看見幾個孩子，大嫂二嫂也上前關切地多問了幾句，對維杉也不例外，每個都是自小看大的孩子，瞬間家裡又是一片鬧哄哄。幸好，大嫂二嫂知曉輕重緩急，馬上就投入熱火朝天的廚房裡，岳母也不催促，滿臉都是笑呵呵的。

一大家子分做了幾處，父親和哥哥忙著祭拜事宜；岳母是年夜飯的主廚，幾十人的圍爐聚餐可是大工程，由岳母領軍，帶著大大小小一展身手；我則是機動部隊，領著孩子們裡裡外外忙活，或張貼春聯，或採買物品，全家人齊心協力地準備過年。

等到下午完成了祭祖，我們便分頭載送年菜，前往篤行路上的大哥家圍爐。

與大哥一家同住的還有晉升做高祖的祖母，老人家已是百歲人瑞，仍身體康健。

岳母對這棟房子是熟門熟路，進了門就一把抱住了祖母，祖母也歡喜，拉著岳母不放手，我們打趣祖母，「您的小女兒回來看您了，您高興嗎？」

祖母笑瞇了眼睛。

晚上圍爐，五代同堂的盛況難得一見，透天厝的大廳擠得滿滿當當，陸續從廚房加熱端出來的年菜有二十多道，炒米粉、芋頭排骨，好幾道都是我們兄弟愛吃的菜色，多到餐桌都放不下，岳母端著最後一道湯走出來，我連忙上前接過，「媽，您辛苦了。」

「多謝親家母。」

「今年又麻煩您了。」

父親攙扶著祖母上座，母親則牽過岳母坐在她身邊，並招呼著維杉，但孩子們不願拘束，也謙讓著長輩們，自己端了碗坐到了角落。

「還是親家手藝好。」

「我覺得這道菜有奶奶的味道。」

你一言我一語，眾人邊吃菜邊稱讚岳母，岳母也回應：「這道炸肉丸就是和奶奶學的。」

祖母伸出手握住了岳母，認真地說：「妳已經煮得比我好吃了。」

「都好吃、都好吃。」眾人紛紛說道。

「但做這麼多菜還是太辛苦了。」我說：「明年還是讓我們去餐廳訂年菜吧。」

「欸！這又沒什麼！」岳母斥道：「外面餐廳哪有自己煮的好，你們愛吃，我就繼續煮給你們吃。」

我們常常忘了表達感謝，
也忽略了感情是需要刻意培養的。

岳母這話半點不打折扣，她為蔡家年夜飯掌廚，這一煮就是二十多年的時光。隨著岳母年事已高，我們捨不得她辛苦勞累，勸她不要再煮了，岳母卻一力反對，說：「只要我還有力氣，我就會一直煮，直到我再也煮不動的那一天為止。」

看著岳母因為付出而顯得精神奕奕，我不忍打消她的興致，只能更多分擔她的工作，在過年前幾天，就全家動員，陪岳母上市場採購，並攬過大部分的前置作業，盡量減輕岳母的負擔。

如果可以，我真希望岳母能夠這樣健健康康地煮下去，再陪我們過好多好多個年。

這時，大哥對我使了個眼色，我們三兄弟從懷裡掏出大紅包，一一地奉給長輩。縱然不是頭一次，但當大哥二哥敬上紅包時，岳母還是不好意思地連連拒絕，總要我在旁搭腔說：「媽，收下啦，這是大哥二哥的祝福，要讓您開開心心地到一百二十歲。」岳母才會接過紅包，轉手又包給大哥二哥的子孫們。

這樣的戲碼每年重複上演，我們仍樂此不疲。無論紅包的接受與否，每一份祝福都出自於真心，正是視彼此為家人，所以岳母樂於付出，大哥二哥樂於孝敬。

飯後，眾人迅速收拾了餐桌，或留下泡茶聊天，或打牌打麻將，岳母也被哄著玩了兩圈，和小輩們話家常，自然地融入了蔡家之中，即便字面意義上來說，她並不是蔡家人。

然而沒有人在意。

在這個家裡，有很多人姓蔡，也有很多人不姓蔡，但過年團聚，姓氏不是重點，家人才是。從祖母、父母，到我們三兄弟開枝散葉，後來岳母和維杉也加入了這個家，我們一起過了二十多個農曆年，未來也要一起過下去。

因為我們是彼此的家人。

我在一場大學聯誼中認識了我太太，當時我讀台科大四年級，太太就讀師大，很老套地抽機車鑰匙配對遊戲，牽起了我們的緣分。

我們相知、相惜，幾年後步入了結婚禮堂，太太為我留在台中的國中任教，我則因為通過了郵務特考，便留在台北，一邊念研究所，一邊上班。我和太太都認為，短暫的分離是為了更美好的未來，即使我常做實驗做到凌晨兩三點，隔天又從事勞累的郵務工作，也甘之如飴。太太同樣奔波於職場與家庭之間，獨自生活在陌生的城市，為我承擔了孝敬父母的責任，沒有半句怨言。

沒想到女兒的出生，霎時打破了家庭的平衡。

我們夫妻是雙薪家庭，又分居兩地，女兒只能托育保母，不知道是否先天免疫力不佳，女兒容易被其他小朋友傳染感冒，並引發更嚴重的支氣管炎，甚至是肺炎，必須住院治療。

雖然歡喜著女兒的誕生，但因為工作緣故，我大部分時間無法陪伴在妻兒身邊，已是愧疚，卻還得眼睜睜看著太太為了照顧女兒，工作、家庭兩頭燒。我心疼太太，每個星期日晚上要離家北上時，心裡滿是煎熬，但又無能為力。

我只能安慰太太：「總有一天會好的。」另一方面在工作上更加努力，期盼能早一日調回台中。

就這樣過了小半年。一天，太太突然打電話問我：「俊隆，媽媽說要來台中幫我們顧小孩，若是住家裡，方便嗎？」

我驚訝不已，「沒什麼不方便，但怎麼好意思麻煩媽媽？」

原來太太第一次做母親，孩子卻狀況不斷，遠在高雄的大姐和岳母知道了放心不下，岳母便主動徵詢大姐的意見。時年岳母五十多歲，身強體

不論身處何地，
家人永遠是我最強大的後盾。

健，平常在大姐夫妻倆開的機車行幫了不少忙，但手心手背都是肉，她既擔心我們，又怕她一離開，大姐會少了個幫手，還是大姐鼓勵道：「沒關係的，您就去台中幫妹妹照顧孩子吧！」

於是岳母就這麼離開熟悉的環境和親友，背著一個背包就上來了。到車站接岳母的時候，我有些驚訝，問說：「媽，您怎麼只帶了這一點東西？」

岳母豁達地說：「幾套衣服可以替換就夠了，其他也沒什麼重要的，帶多了也是累贅。」

我說：「您需要什麼，再跟我說就是了。」

我內心暗暗想著，不管用不用得著，食衣住行、生活用品能多備就多備些，盡量讓岳母感到舒適自在。

「不用！你就別操心了。」岳母拍拍我的肩，「俊隆啊，這些日子辛苦你們了，有我在，你們就放心去拚事業，知道嗎？」

我聽了非常感動，「媽，謝謝您。」

得知岳母能來做孩子保母，我父母都十分感激。

父親母親尚未退休，每日忙於布店生意。從我還很小的時候，就看著父母從路邊攤，到在市場裡有一個小店面，一路胼手胝足，一點一滴拉拔我們三兄弟長大，一直到年紀大了也還在為家人打拚。

看著新生的孫女因保母照護不佳飽受病痛之苦，父母親和我一般焦慮憂心，有心想要幫忙一二，卻是分身乏術。

岳母來了，父母親鬆了一口氣，對我說：「真是多虧了有親家母，俊隆，你一定要好好感謝親家母，就算你平日不在家，也要多多關心親家母的生活起居。」

我自是應承。

當時我和太太剛新婚，我又在外地工作，便沒在台中置產，而是住在大哥家。雖說是大哥家，一前一後也分了兩棟房子，大哥一家住在前棟，我們一家住後棟，同住的還有高齡的祖母，彼此共同起居，卻又保有一定的隱私空間。

岳母來了，太太的內心就有了支撐，即使太太和我的家人相處再和樂，娘家媽媽陪伴的意義還是不一樣的。而女兒有了至親的照顧，我和太太也不必再時時牽掛，見到女兒在岳母全天候的照料下，越發地圓潤可愛，我們心裡充盈著喜悅和感激。

一開始，我們很擔心岳母來到一個陌生的環境會適應不良。

岳母在高雄出生、結婚、生子，四五十年幾乎從未離開過，她的親友、她的生活都在高雄。而在這裡，她唯一熟悉的只有她的二女兒，也就是我的太太，卻因為白天需要上班，無法時刻陪在她身邊。

「媽媽您覺得無聊了，儘管打電話回去，和親朋好友聊聊，聯絡感情。」我怕岳母節儉，不敢常打電話，特意和岳母說。

「你們不用為我操煩啦。」岳母開朗地說：「我是來帶孩子，又不是來養老的，怎麼會無聊？」

「媽媽，別這麼說，孩子重要，您也很重要啊。」我真摯地說：「我們希望您能過得開心。」

「有有有，我過得很好。」岳母逗弄著女兒，臉上沒有一絲勉強，「親家所有人都很照顧我，我很喜歡這裡的生活。」

我看岳母神情不似作偽，提起的心也放下大半，但私下和太太聊起時，仍是叮囑太太：「妳要多關心關心媽媽，真的不行，我們再請保母就是了，不必勉強媽媽待在不適應的環境。」

其實不用我提醒，太太比我更在乎岳母，最初太太還反對岳母北上，只因不想岳母受離鄉背井之苦。

所幸岳母的熱情和好相處，使得她迅速融入了新的家庭，和祖母更是無話不談。大哥說，他每天買菜回家，總能看到岳母抱著孩子陪祖母坐在客廳看電視，親密得就像一對母女似的。

岳母這輩子雖過得辛苦，
然而苦難卻造就她凡事往好處想的豁達。

可以說，岳母的到來，為大半時間獨處的祖母帶來了許多樂趣。岳母也不計較，一手承攬了家事，並常常聽祖母的話幫忙跑腿買東西，爸媽覺得不好意思麻煩了岳母，岳母卻毫不在意，「說什麼麻不麻煩，一家人住在一起，做點事沒什麼大不了。」

雖說如此，大哥仍是每天都會過去探望祖母和岳母，看看有什麼需要幫把手的地方。父親做生意走不開，便會託大哥買些水果、點心，你來我往，感情就越來越緊密。

我很慶幸能有這麼多家人做我的後盾，讓我得以繼續堅持留在台北發展，只為有一天能夠給家人更好的生活。

因為生命中所有重要的人都在台中，所以每個星期五下班後，我都會迫不及待地趕搭夜車客運，以期早點回到家人身邊。

若是順利的話，我便能夠在十點前到達，偶爾遇到女兒還未入睡，我會和家人說上幾句，和女兒玩一會，享受一下天倫之樂。但若不幸遇上了塞車，十一二點才到達家門還算小事，就怕推開門迎來的是滿室的黑暗，太太為我留下的一盞小燈，也無法驅散那一瞬間的寂寥與失落。

所以我總是在客運上祈禱，再快一點、再快一點，只要車輛行駛速度稍慢了一些，便會心急如焚，擔憂高速公路上的車流，減少我和家人相處的時間。

無論前一天多晚才睡，隔天我還是會早早就起床，接過女兒培養感情，也讓平日辛苦的岳母和太太能輕鬆一下。

「一個星期不見，想不想爸爸？」剛睡醒的女兒炯炯有神，大眼睛直直地盯著我，我伸手作勢搔她癢，她咯咯地笑起來。

「爸爸帶妳去接爺爺奶奶過來玩，好不好？」

岳母看女兒對我不排斥，便放任我們父女倆玩鬧，「晚點親家要過來吃飯吧？我去買點菜。」

我趕忙阻止岳母，「媽，您別忙了，要買什麼您告訴我，等等我去買。」

岳母也不跟我客氣，「不用，這裡的菜市場你還沒我熟，我去一趟，很快就回來。」

說完，岳母俐索地走出大門，門闔上後，還能聽見她高聲與左鄰右舍交談，一路遠去，聲音漸消。

從岳母和鄰里的相處，就能看出岳母的好人緣，我雖然是在這個地方長大的，但說到認識的人，可能還沒只住幾個月的岳母認識得多。

岳母和我父母也成了好友，布店的生意再忙，每個星期父母必是要休息回來看望祖母的。週末我的一項重要任務，就是開車接送我父母來，大哥二哥也會加入我們，一大家子聚在一起，吃吃飯，聊聊天，飯後還捨不得走，繼續在客廳泡茶閒話家常。

感情是需要培養的，不論是我和家人之間，還是我岳母與我家人之間，相處得越久，感情越是濃厚。

開車接送父母的路上，我提起岳母和祖母之間的情誼，覺得真是一種難能可貴的緣分，有血緣關係的家人都不一定能夠住在同一個屋簷下，岳母卻能與祖母相處融洽，「打從我岳母來了後，奶奶精神都好了許多，就連吃飯也吃得更香了。聽說前些天還要教岳母做她拿手的咖哩飯，兩人一早就去市場買菜，耗在廚房裡煮了一大鍋咖哩。」

說到咖哩飯可是祖母的招牌菜之一，早年祖父還在豐原客運站做站長時，祖母便在附近支起了小吃攤，賣些炒麵炒飯，祖母做的一手好菜，家常小吃經過祖母的烹飪，至今仍是很多人記憶中的美味。

家裡人平日上班累，回來隨意煮煮吃得健康就好，不特別重視口腹之慾，祖母一身好廚藝無人傳承，最後盡數教給了岳母。

父親嘆道：「真的感謝親家幫了我們家這麼多。」

「親家人好，你也不能當作理所當然。」

母親認真地對我說：「俊隆，親家的付出你要記在心裡，要懂得感

幸福是會感染的，多一個真誠的笑容，
就多一個人感受喜悅。

恩，要把她當成自己的媽媽孝順。」

「媽，我知道。」

幾乎每次我載送父母時，他們都會這樣叮嚀我，特別是岳母在為我帶孩子之餘，還照顧了祖母，令祖母晚年更加開懷，這些情分，我們全家是由衷的感謝。

而我們家人也不吝將這份感謝表達出來，讓岳母知曉，我的父母、哥哥都視她為家人，整個蔡家都是向她敞開的，而不僅僅只是一份姻親關係而已。

到家後，母親自然地牽起岳母的手，親親熱熱地湊在一塊，同為子女著想的心令兩位媽媽格外親近。不久大哥、二哥一家也來了，大家圍著祖母高談闊論，小孩子則在一旁奔跑玩耍，鬧哄哄的，卻是我最難忘的溫馨時刻。

每當星期日收拾行囊將要離家北上時，想起週末相聚的點點滴滴，便覺鬱悶不已，特別是回到台北的宿舍一個人待著，氣氛冷清得難以忍受，但也只能無奈地將所有美好的片段珍藏在心中，以支撐我在台北工作，等待下一次見面的到來。

日子一天天過去，岳母就這麼在台中待了下來，就連過年都沒有回鄉，選擇和我的父母家人一同度過。

岳母願意和我們過年，我們再高興不過了，但我心裡不免有些疑問，因為我知道，岳母是一個觀念非常傳統保守的人，就算岳父不在了，年節她也必是要和小兒子一起度過，過去我們怎麼邀，岳母堅持不肯鬆口。

太太卻非常理解岳母的想法，「媽媽她體會過，明白這才是一個家該有的樣子。」

曾經太太也不喜歡過年，我們結婚前，太太放寒暑假總會想辦法留在台北，拖到最後一刻才回家，每次回去都是哭哭啼啼的。

新年，是一家團圓的重要時光，無論天南地北，這個時節總要排除萬難相聚，一同除舊布新，踏往更好的未來。然而太太婚前幾乎沒感受過年節的氣氛，餐桌上空蕩蕩的一片，從來都是岳母簡單煮幾個菜，母女三人相對坐著吃完就是一餐，大姐出嫁後，家中更是冷清。

這並非是岳母不想過年，人不齊，怎麼團圓？

我雖沒有見過岳父，他很年輕便過世了，可從太太口中，我得知岳父並不是個好丈夫、好父親。岳父愛喝酒、還愛玩，連除夕當天也一大早就跑出去和人玩天九牌，直到身上的錢都輸光了才肯回家，隔天又繼續跑出去賭，小舅子有樣學樣，也染上了一身惡習。父子倆喝得醉醺醺回來後又是一陣鬧，搞得家裡人仰馬翻，怎麼有心思慶祝新年？

我岳母似乎也習慣了，太太說起岳母過往的人生總是止不住地心疼。

「你看媽媽樂觀開朗，其實她的人生過得很苦，只是她從不表現出來。」太太說。

太太的外公是討海人，靠天吃飯，家裡窮，沒什麼錢，孩子又生得多。岳母作為女孩，沒上學，懂事起就在家裡幫忙帶年幼的弟妹、添補家用，就連太太的外曾祖父中風臥病在床，也全靠岳母一個人照顧。

後來岳母結了婚，也沒享受到婚姻生活，馬上就跟著岳父投入古物商的工作之中。古物買賣十分勞累，基本上什麼都收，整理過後再轉賣出去，賺取一些微薄的利潤。若是家庭幸福也就罷了，岳父的不負責任迫使岳母一力擔起養家的重擔，在岳父因酗酒意外逝世後，更獨自拉拔三個孩子長大，靠著在婦產科清潔打掃帶小孩的薪水，栽培兒女念到大學畢業。

「媽媽的一生都在付出，不求回報，正因為她從以前到現在吃過太多的苦，不想我們和她一樣，家庭工作兩頭燒，才會知道女兒沒人帶，便主動說要來和我們住，幫我們顧女兒。」太太有感而發。

面對越熟悉的家人，
我們越容易輕忽與他們說話的態度。

「但來了之後她才發現，家庭和樂、家人相互關心是多麼幸福的一件事。俊隆，我可以感受得到，媽媽住進這個家後，更快樂了。」

太太管我們蔡家這個大家族為「幸福蔡氏家族」，雖然太太有很多親戚，但都未曾看過像我們家這樣兄弟各自成家後，依然感情這麼好，來往如此密切的家庭。

或許幸福是會感染的，來到這個家的每個人，也會因而感到幸福滿足。太太是，岳母也是。

我握著太太的手，溫柔地說：「以後我們一起孝順媽媽，讓她每天都能這麼開心。」

「嗯。」太太看著我，堅定地點頭。

岳母本打算住個幾年，待女兒上了幼稚園，便要回高雄，沒想到日子一天天過去，岳母不走了，繼續幫我們帶小兒子。除了我的兩個孩子，二哥的小女兒、小舅子的兒子也是由岳母帶大的，最多一次帶了四個孩子，家裡就像小型的托兒所，熱鬧得不得了。

要照顧這麼多孩子，我一度憂心岳母會太過勞累，便找機會問她：「媽媽，這麼多孩子您照顧得來嗎？會不會太累？要不我們再想想辦法。」

岳母一手抱著一個孩子，嗔怪地說：「想什麼辦法！我不過是在家陪孫子玩，怎麼會累。」

岳母不分內外，也不論血緣，每個孩子都當作心肝寶貝孫般對待，她認為這是甜蜜的負荷，是一種福氣，從不以為苦，她把養得白白胖胖的孩子當成了成就，見了人都要炫耀上幾句。

看到岳母發自內心的笑容，我們也不勉強她，但週末休假時，必定留給岳母休息的空間，或是安排行程，帶一家大小去踏青，一方面是消耗孩子精力，另一方面也陪伴父母外出走走，放鬆心情。

我們這一家子出行聲勢極為浩大，攜老扶幼，至少要開上兩台車才坐得下，有時候大哥、二哥一家也參與進來，簡直就像個小旅行團，到哪都能包場。

只要有岳母和孩子在的地方，就會充滿歡聲笑語。從前我家感情雖好，但表達方式比較內斂斯文，而岳母以她疏朗開闊的笑聲感染了每一個人，從此大家都不吝於放聲大笑，笑聲的中心必然可見到岳母的身影。

我和太太走在最後頭，時不時叮嚀孩子小心走路別亂跑，兩位媽媽手勾著手走在前面，從背後看就如一對姐妹花。

太太看了心有所感，指著媽媽們說道：「你看，我媽自己說，她生活在蔡家，就像是奶奶的小女兒、爸爸媽媽的妹妹，真是一點也沒錯。」

我心有戚戚焉，附和道：「只差沒結拜了，要說她們是親姐妹，我也信的。」

幾位長輩就像有說不完的話，平日串門子也就算了，假日出遊也黏在一起，真沒看過哪對親家能如兩位媽媽這樣投緣。不只我岳母自稱是奶奶的小女兒，認識我家的人都說，岳母生來就該與我家結緣。

中午用餐時，岳母不斷為祖母和母親夾菜，我一看就知道，那是兩位長輩愛吃的菜。

母親連連呼道：「太多了，我怎麼吃得完！」

岳母說著又夾了一筷子菜，「阿姐妳太瘦了，要多吃點。」

「我這樣還瘦？再瘦也給妳餵胖了。」母親翻了一個白眼，轉瞬也笑了出來。

一桌子小輩看兩位媽媽的互動，默契地相視而笑。岳母一手好廚藝，最愛就是餵食身邊的人，在座的都受過岳母的熱情。

快樂是最好的調味料，重要的是全家在一起，就能讓人因此多吃下半碗飯。

我察覺幾位長輩喜歡和家人出遊。父母年輕時忙於生意，岳母則是大半的人生都為家庭付出，他們那一代刻苦耐勞，不重視休閒娛樂，只想把情緒，如同一個彈力繩，長期處於緊繃的狀態，只會彈性疲乏，適時給予自己放鬆，心情便不至於陷入鬱悶。

所有的美好都留給子女，直至年紀大了，也不懂得休息。

於是我一有機會，就和太太帶著幾位長輩至台中近郊走走，也不跑太遠的地方，看看自然景色，再去父親偏愛的餐廳享用美食，幾位長輩便心滿意足。

我告訴自己，父母親和岳母為我們犧牲良多，現在我有能力了，我要盡我所能地回饋父母，讓他們每一天都能這樣開心地笑。

獨自在台北打拚了十年，累積了一定的資歷，終於得以轉調回台中，並參加了升等考試，升任做主管。

一家四口團聚，也買了新房子，搬離了大哥家。

我們為岳母留了個房間，極力邀請岳母和我們同住，但小舅子此時也來到台中發展。岳母對三個子女一視同仁，她見我的兩個孩子大了，不再需要她，堅持帶著孫子維杉回小舅子家。

岳母對我們夫妻說：「都住在台中，以後往來也方便，你們弟弟需要我。再說，也沒有兒子在卻和女兒住的道理。」

骨子裡，岳母依然是個傳統的女性，我們拗不過她，只好同意了，「好歹隔一陣子就來家裡住幾天，我們永遠為您保留一個房間。」

我和太太想著，週末假日就去探望岳母，或接岳母出遊、聚餐，即使平常不住在一塊，互動也應一如往常。

這天，我和太太提著水果，來到岳母家門前。

最近幾個星期，太太敏感地發現，岳母好像有些悶悶不樂，話說得比較少，臉上雖還帶著笑，卻沒有從前那樣開懷。

「俊隆，我覺得媽不對勁。」

我也看得出，岳母近來似乎心情不是很好，於是我和太太決定和岳母懇談。

岳母一見到我們就笑開了，嘴裡卻說著：「怎麼又來了，你們工作辛苦假日多休息，不用常跑來看我啦。」

岳母嘴上客氣，態度卻全然不是這回事，忙上忙下，又是泡茶又是切水果，還說：「怎麼又買，水果我已經吃不完了，下次來千萬別再買了。」

我喊她：「媽媽，您別忙了，您來這坐，我們說說話。」

「再等一下，我馬上就好。」岳母響亮的聲音從廚房傳來。

太太卻是已經忍耐不住了，拉著岳母坐在沙發上，「媽，您老實跟我說，您是不是身體不舒服？我帶您去看醫師好不好？」

「沒有啊，我很好。」岳母搖頭，看上去行動靈活，氣色也好，不像是有什麼不適。

「真的嗎？」太太盯著岳母的眼睛，「您別瞞我，我都看得出來，是不是阿弟又怎麼了？」

岳母僵了一下，笑容垮掉，幾次開口都沒發出聲音，最後才說道：

「是有幾次在外和朋友喝酒，回來心情不好摔盤子，講了也不聽。」

我聽了皺眉，問岳母：「他對您動手嗎？」

岳母低下頭，「沒有沒有，他就是發發脾氣，不會動手的。」

「媽！」太太不認同地說。

「您不要縱容他，他是什麼德性，我還不清楚嗎？」

岳母嘆了口氣，「是真的還好，他就是愛喝酒，一喝酒聲音就大了

點，我……我是覺得有點壓力，但還過得去，你們不用擔心。」

我和太太心都提了起來，當下就要求岳母收拾行李搬去和我們住，可

維杉還在這個家，岳母住不了幾天就要返回，怎麼勸說都沒用。

岳母放不下的除了孫子維杉，還有么子。

岳母有三個孩子，兩個女兒各自找到了好歸宿，有了幸福溫暖的家

目光執著於太多不重要的東西，
只會為前進的步伐徒增了累贅。

庭，唯有么子，人雖聰明，卻貪玩沒定性，不似我太太腳踏實地自師範大學畢業並在國中任教，長姐也經營機車行事業有成。這個家中最小的孩子輾轉多所工專仍畢不了業，踏入職場後更是眼高手低，一心只想做老闆，他也有那份手藝，做了室內裝潢的承包商，照理說即使不大富大貴，也能有不錯的發展。然而他因不擅管理，接了大量的工作卻收不到工程款，資金周轉不來，惡性循環下自是一敗塗地。

糟的是，小舅子不興振作，反將在外頭經歷的不順遂發洩在家人身上，加上他本就有抽菸喝酒的惡習，喝醉了更控制不住情緒，惡言惡語、摔鍋砸盆變成家常便飯。家裡人時常要看他的心情，若是好了，自然一片祥和，若是不好，便是雞犬不寧。

哪怕孩子再大，對父母來說還是孩子，小舅子不負責任的態度給家裡帶來很大的壓力。岳母既憂心小舅子一家的生活，也害怕孫子維杉會學習壞榜樣，明明有更好的去處，卻堅持留下，給予關愛，並維持家庭運作。

但相對的，岳母因此承擔了偌大的壓力，心理影響到生理，不時聽到她身體出了狀況，頭暈、痠痛等各式各樣惱人的病痛上身。

每個人有每個人的人生，再怎麼親的家人，也無法插手干涉。小舅子屢勸不聽，我和太太心疼岳母，卻也束手無策，只能三不五時打電話關心，或接岳母出門遊玩，令她短暫時間能忘記家裡的一團混亂。

令岳母感到欣慰的是，或許是維杉小時候和我家孩子一起長大，與蔡家接觸密切，沒學到他爸爸的壞習慣，而是成長為一個品學兼優的好學生，從小乖巧貼心，懂得尊敬孝順長輩，是岳母的驕傲。

岳母對此很感激我們，「維杉這孩子能長得這麼好，都是受你們蔡家的影響。」

我真心實意地回道：「媽媽您要先稱讚自己，我們這幾個孩子都是您帶大的，要說也是您教得好。」

岳母彷彿吃了一斤的蜜，慈祥地看著孩子們，笑著說：「我啊，只要能看到這些孩子快快樂樂、健健康康的，這輩子就足夠了。」

接到電話，我和太太驚出一身冷汗，立即便往醫院趕。

等我們到達醫院後，岳母已經接受過初步治療，但還需住院觀察，醫師告訴我們，幸好岳母送醫及時，若不以為意，小中風很可能會發展成嚴重性的中風。

岳母躺在病床上，神情鬱鬱，不斷表示很不好意思給我們添了麻煩。我真心地說：「媽，您沒事就好。」

太太也輕聲安慰了幾句，隨後出了病房，撥電話聯絡高雄的姐姐，讓她放心，不用急著趕上來。

岳母病了，我們自是義不容辭，輪流請假陪護。直到岳母出院，堅決反對我們再接送她到醫院復健，我們看她恢復良好，行動自如，就不再堅持，卻增加了噓寒問暖的頻率，就怕岳母再次倒下。

岳母雖然患有糖尿病、高血壓等慢性疾病，一直以來控制良好，就是和小舅子住的這幾年，常常聽到她反映一些不舒服的症狀。起初只是暈眩、手腳發麻，很多上了年紀的長輩會有的小毛病，岳母不以為意，也不讓我們大驚小怪，沒想到卻發生了最壞的結果。

太太非常生氣，她認為岳母會小中風，小舅子要負起大半的責任，她最是清楚自己的媽媽有多麼堅強樂觀，卻因為不停地操煩，不僅傷害了身體，臉上的笑容也消失了。

「我看讓媽回高雄住一陣子吧。」我和太太商量。

「媽媽繼續待在這樣的環境，她不會快樂的。環境對人的影響很大，與其讓媽每天都處在負面的情緒中，還不如眼不見為淨，而且高雄的姐姐、姐夫工作比較自由，也更能夠照顧媽媽。」

看清了事物的全貌，
縱使惱人的事依舊存在，心仍不會因此焦灼。

太太雖然很想親自照料岳母，也不得不承認我說的是對的，我們不能夠二十四小時陪伴在岳母身邊，萬一發生什麼事，當真是後悔莫及。且這幾年明顯能感受到，岳母的話少了，也不太笑了，有輕微憂鬱的傾向，難以想像她曾經是人群中的開心果，是笑聲的源頭，這讓我和太太心裡十分難受。

我們都知道，這只是短暫的分離。

「媽，您最近學了什麼歌？」

「有喔，我學了一首新歌，下次唱給你聽。」岳母充滿活力的聲音自話筒另一端傳來。

「好啊，下次我們去唱卡拉ＯＫ，比賽看誰比較會唱！」

我和岳母聊了一些家常瑣事、社會新聞，也表達了我父母兄弟對她的關心，最後又說了一句：「媽，今年過年我再去接您來，大家都很想念您。」

岳母頓了一下，笑著說好。

岳母是個知足常樂的人，這一生唯一缺乏的，便是陪伴。她喜歡與人交流，住在我們家時，日日都很熱鬧，心靈不匱乏，人便變得快樂。後來搬出去，小舅子每日帶給她的卻只有恐懼與憂慮，久了，如同緊繃的橡皮筋失去彈性一般，心靈頹然瓦解。

幸好岳母住到高雄姐姐、姐夫家後，健康大有起色，不用再為家事操心，閒不下來的岳母不是勤於復健運動，就是四處串門。交友廣闊的她每天和親朋好友泡茶、唱卡拉ＯＫ，我也常常驅車前往高雄探望岳母，陪她聊天、唱歌，加上她找到了信仰，內心有了寄託，鬱結自然不復存在。

岳母信仰雖與我不同，但宗教的本質都是與人為善，都蘊含著大智慧。就像我開始學佛後，跟著師兄師姐上了許多課，我資質駑鈍，無法直接看懂經文，透過課程的闡述以及師兄師姐的分享，明白佛法其實就是在薰陶人的心靈，教人明理懂事，並讚揚推廣美德，如孝順，如行善。

而這些，與我一直以來接受的家教和做人是相吻合的，孝敬長輩、兄友弟恭，佛教經典傳遞給我的，和我父母多年來言傳身教的道理是一致的，可以說，佛學堅定了我的內心，更加了解自己，使我得以印證父母種種身教是多麼樸實而珍貴的智慧。

我相信岳母在宗教的獲得也是一樣，即便是不同的信仰，但她能藉由宗教得到心靈的力量，教友的關懷也支撐她走出憂鬱的陰霾，為此，我只有為她高興。

在高雄住了兩年，岳母又搬回來了，對她而言，台中早已是第二個家鄉。

這次回來台中後，岳母在我父母家附近買了房子，若要見面也只是前後腳的距離，幾位長輩都很滿意，幾乎天天相互上門拜訪。

這兩年少了岳母，大家覺得寂寞不少，如今，又能夠每週歡歡喜喜地聚在一起談天說地。

煩惱的事依舊存在，不因為岳母短暫的離開而有所變化，可岳母已能看開，她仍然付出她的關愛，卻不會一昧地將小舅子的人生歸納為自己的責任。

沒想到過沒幾年，小舅子便因為酒精肝中毒而猝逝，岳母痛心不已，幸好優秀的維杉代替他爸爸成為了岳母的依靠，加上有宗教的慰藉，使得岳母不至沉浸於喪子之痛無法自拔。

岳母曾私下找我們夫妻談話，「我現在唯一放不下的就是維杉了，他爸爸早走，媽媽離婚後也不太管他，他又沒有兄弟姐妹，我就擔心哪一天我走了，他會是無依無靠的一個人。」

太太打斷了岳母的話：「媽，您別說這種話，您會長命百歲的。」

耐下心回朔人生的每個憂悲喜樂，
就是在慢慢地肯定自己、療癒自己。

岳母嘆了一口氣：「人哪有不死的，如果我能看到維杉結婚生子，我這一生就圓滿了，不只維杉，我每一個孫子孫女，我都希望他們能有好的歸宿，但我若是看不到，我希望你們夫妻能代替我，看著維杉成家立業。」

我握住岳母的手，說：「媽，維杉也是我們看著長大的，就像我們的孩子一樣，他永遠是蔡家的一份子。」

岳母眼泛淚光，「好、好，謝謝你們。」

「別這樣說，都是一家人。」

我說會把維杉當自己的孩子，絕對不是假話，他也真的就像我家的孩子一樣，自小便出入我家，和我的孩子、我哥哥的孩子玩在一起，我的父母也熟悉他，知道他就讀的學校、他的職業，逢年過節也會喊他過來吃飯，如同對待自己的孫子。

維杉這孩子也爭氣，一路拿著獎學金上了北科大，岳母逢人就炫耀，

「我孫子每天晚上都一定要打電話給我，問我好不好，說奶奶我愛您。跟他說學業忙就不用每天都打電話，他也不聽。」

旁人聽了稱讚岳母好福氣，岳母一點也不居功，「多虧我女兒婆家的好家教。」岳母在我父母面前也是這麼說，三位老人相互恭維，誇起孫子們的成就，樂此不疲。

大哥的孩子結婚時，岳母也受邀參加婚禮。新娘挽著其父親的手緩緩走入禮堂，聚光燈照耀在新娘純潔的白紗上，裙身精緻美麗且閃閃發亮，眾人望著新人熱烈地送上祝福，掌聲歡呼聲不斷。

坐在我旁邊的岳母一邊鼓掌，一邊重複說著：「真漂亮，真好！真漂亮，真好！」

我聽出岳母的不對勁，問她：「媽媽，您怎麼了？不舒服嗎？」

太太聽見也關心地湊了過來。

岳母有些羞赧，「沒有啦，我就是覺得新娘子真漂亮，能穿這麼漂亮的衣服結婚真好。」

岳母的話裡帶著遺憾，我好奇地問：「媽媽當年結婚時沒有穿結婚禮服嗎？」

岳母搖搖手，嘆氣說：「不只沒有禮服，連個結婚儀式都沒有，我收拾東西，帶著兩千塊錢搬進謝家，就算是嫁進去了，一進門就要操持家事，忙裡忙外，什麼結婚典禮、禮服，想都不敢想。」她半開玩笑地說：「我啊，就是被你爸爸給騙了。」

岳母的眼神直直地看著新娘，流露出一股羨慕。

太太問：「媽媽是不是希望當年也能辦一場結婚典禮？」

岳母勾了勾嘴角，「妳爸都去世那麼多年了，現在講這些有什麼用？」

「我們可以補穿婚紗啊！彌補當年的遺憾。」

岳母顯然有點心動，遲疑地說：「雖然我年紀這麼大了，但如果可以，我很想拍那個『婚紗照』……。」

太太堅定地說：「媽，您想拍，我們就去拍。」

「這實在有點不好意思……。」岳母說：「可是我就想，趁我現在還走得動的時候，以前我沒能完成的心願，有機會我都想要去實現，就像是妳說的，彌補當年的遺憾。」

說做就做，婚禮過後，太太立刻去尋找適合的婚攝公司，她比誰更清楚岳母是怎麼苦過來的，她對我說：「媽媽不只結婚時沒有體會到當新娘的歡喜，隨後幾十年她也沒能得到幸福的生活，反而靠她撐起了整個家。她為全家付出了那麼多，連家當都是拿她的陪嫁兩千元添置的，我爸虧欠

落葉歸根，
心在哪裡，根就會扎在哪裡。

我媽的，我要為她補上！」

我支持太太，「我們陪媽一起去拍婚紗照，還要把孩子都叫回來，拍全家福！」

太太多方比較後，選擇了離家不遠的一間有口碑的婚攝公司，有多種款式的婚紗可以挑選，還有附設室內攝影棚，不必到處奔波，攝影技術和品質也不錯。

定下來後，我打電話通知幾個孩子，我的兒女，以及小舅子的兒子維杉。剛好適逢畢業季，我的小兒子和維杉，當時一個正要碩士畢業，一個要學士畢業，我特意吩咐了他們攜帶學位服回來，孩子們的高學歷向來是岳母引以為傲的談資，若能穿著學位服和岳母拍全家福照，她老人家肯定會笑得合不攏嘴。

我也拿出了在衣櫃收藏已久的西裝，太太和女兒挑了簡單又莊重的小禮服，岳母則穿上她心心念念的白色婚紗裙，手摸著華麗的蕾絲和蓬鬆的大裙襬，露出了燦爛的笑容。

「奶奶，您今天真美。」

「媽，這件婚紗很適合您。」

眾人紛紛送上讚美，將岳母逗得開懷不已。

攝影師招呼著我們，「來！奶奶先單獨拍幾張，然後我們全家再一起拍喔。」

岳母在鏡頭前不免感到緊張，而我們其餘人也沒好到哪去，身體僵硬、表情凝滯，拍出來的照片生硬極了！好在攝影師看慣了這樣的客人，親自示範教我們如何擺姿勢，間或講講笑話，趁大家咧嘴笑的時候快速地按下快門。

連同家庭照和個人照，我們一共拍了上百張的照片，看毛片時差點挑花了眼，最後選出了二十組，並集結眾人的意見，將最滿意的一張全家福照放大裱框，掛在岳母家客廳。

岳母的好友上門時，一眼就注意到了這張照片，「這是妳跟妳女兒、女婿去拍的嗎？」

「我跟你說，你一定要去拍，全家拍照留念真是太有意義了……。」

岳母逢人就推薦，談起拍照的那天，細節如數家珍，和家人拍照這件事，已經取代了照片本身，成為岳母心中最重要的一天。

岳母這一生如倒吃甘蔗，到了晚年，總算是苦盡甘來。

在她為了么子苦悶憂鬱的那幾年，有人告訴我岳母，試著寫出自己的生命故事，將人生中的酸甜苦辣，喜怒哀樂統統寫出來，在回溯的過程中，慢慢地肯定自己，也療癒自己。

岳母因為沒受過教育，不識字，她很想進行生命故事的計畫，卻無能為力。

我和太太得知後，一直很想幫助岳母實現這個願望，不單是完成老人家的心願，另一方面也得以讓子孫更了解長輩的故事，才會感恩惜福。

我們動員了全家的力量，由岳母口述，我和太太輪流筆記撰寫，並梳理編排，擅長繪畫的女兒，也協助繪製插圖。

期間耗費長達兩、三個月，從岳母出生、成長、結婚生子，數十年的生命長河中，每一件重要的故事，都被記錄下來，穿插所有我們能找到的照片，有岳母和她原生家庭兄弟姐妹的合照，有她婚後的生活照，也有來到蔡家和我們家人所拍攝的照片，最後更不忘放上那張岳母穿著婚紗拍的全家福照。

我們將岳母的人生，濃縮成一本有圖有文的書籍。

岳母雖然知道我們要做什麼，但當將屬於自己的生命故事捧在手上時，還是感到十分驚訝。

家人的認定，從來就不是因為姓氏，
而是因為愛。

她眼泛淚光，小心翼翼地翻閱，她看不懂字，卻能透過照片和圖畫明白這本書在講什麼，那些全是她經歷過的，是她人生不可磨滅的片段，她又怎麼會不知道這些文字在說些什麼呢？

「這個……是我收過最好的禮物了。」岳母笑著說。

太太攬著她的肩說：「這本書以後還要一直傳下去，給您的孫子看、曾孫子看，還有曾曾孫子看……。」

岳母拍了太太一下，「哪來那麼多孫子。」

「會有的。」

我認真看著岳母，「您會健健康康、快快樂樂地陪伴我們，看著您的孫子結婚，給您生曾孫，曾孫再生小曾孫……。」

「俊隆，謝謝你。」

岳母正色說，「認識你們『幸福蔡氏家族』後，我的人生就圓滿了。

我的過去有很多遺憾，我曾經埋怨丈夫愛玩，從來也沒能全家一起圍爐；

我也因為教不好孩子，到老了還要為孩子煩惱。可是這些，因為有你們一家，我的遺憾都沒有了。每年有好好多人叫我奶奶，陪我吃團圓飯；我唯一的孫子也是受你們影響，成為了一個多麼好的孩子。」

岳母握緊我的手，「俊隆，謝謝你，在我心目中，你不是我的『半子』，你是『全子』，你做的比我兒子更多更好。」

「媽，您別這麼說，這都是我該做的。」

我情真意切地說：「我們『幸福蔡氏家族』也是因為有您，才會更加幸福，家族中的每一個人都期待每年您給我們做年夜飯，少了您啊，蔡家的團圓飯也團圓不起來，您可是我們家最重要的一個人！」

「好、好。」岳母感動地說：「只要我還在，我就年年給你們煮年夜飯。」

「那就請媽媽再多陪我們幾年了。」

人都說落葉歸根，岳母從來也沒想過，自己的晚年竟然不是在生活了

四、五十年的港都高雄，只因心在哪裡、根就在哪裡。岳母給了我們她的愛，我們也接納岳母成為「幸福蔡氏家族」的一份子。

家人的認定，從來就不是因為姓氏，而是因為愛。

因為我們愛著彼此，幸福才能長長久久地延續下去。

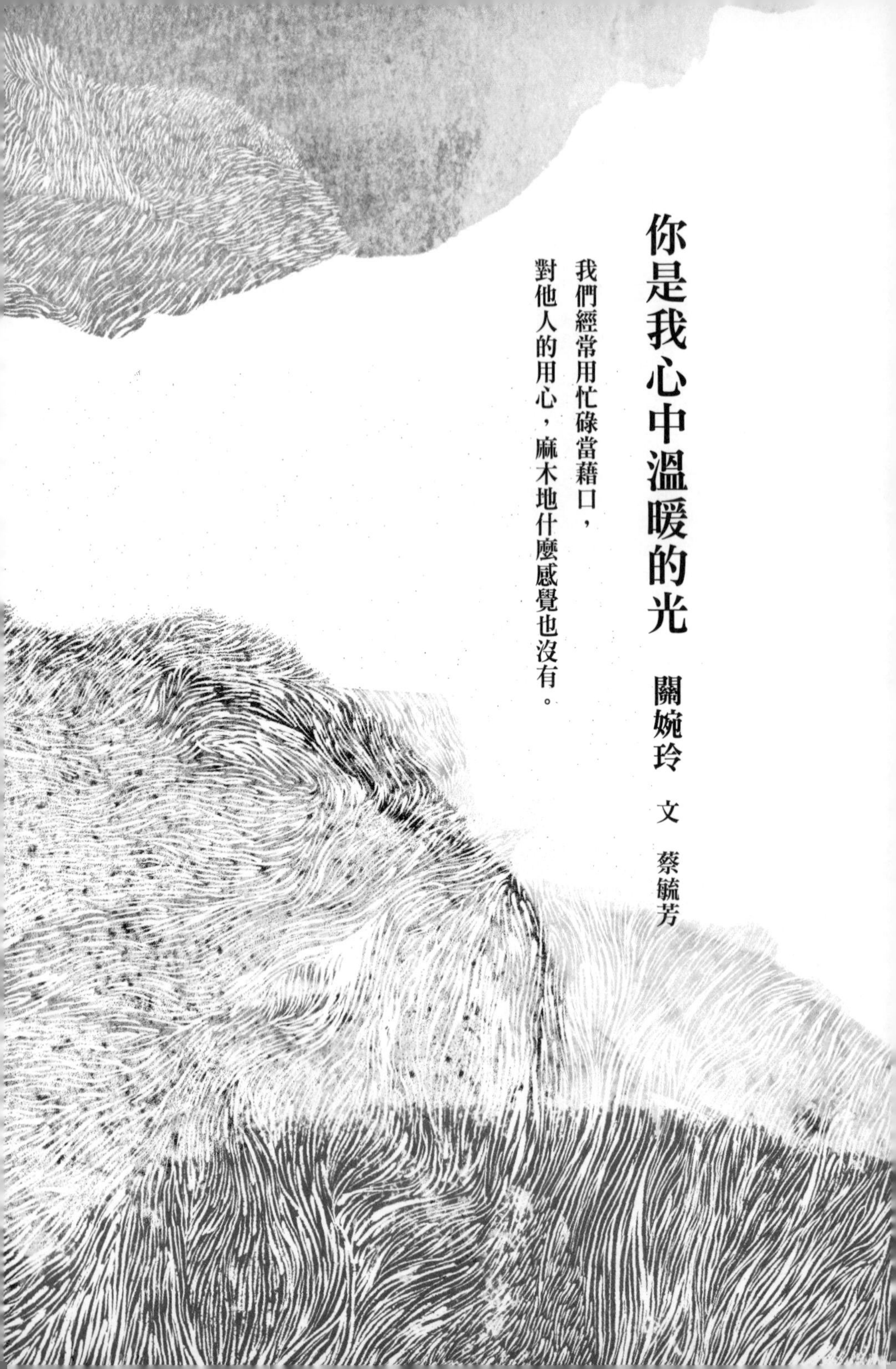

# 你是我心中溫暖的光

關婉玲 文
蔡毓芳

我們經常用忙碌當藉口，
對他人的用心，麻木地什麼感覺也沒有。

在塵封的記憶裡，
有太多我忘了感謝的過去。

我邁開雙腿，朝家裡奔去。

正中午的陽光十分毒辣，曬得我直流汗，我抬手用袖子擦了擦，然後腳步一頓，拐入一旁的小路。背在後頭的書包隨著跑動的步伐晃動著，不斷打在背上，有點疼，而汗濕的襯衫再再告訴著我：「這麼熱的天，實在很不適合跑步。」我卻停不下期待的心情，反而更加緊腳步，期待踏進院子，看見母親的時刻。

蟬聲陣陣，像是波浪一般，一波波地襲來，在夏蟬的催促中，我終於踏入了曬著高麗菜乾的庭院，一條條的高麗菜乾看起來像是也受不了酷暑，萎靡地躺在地上。走進客廳，家中靜悄悄的，我丟下書包後連忙跑入廚房，不出所料的，母親正坐在小板凳上，挑著散落在地上的青菜。

「媽！我回來啦！」

「啊，回來啦。」

聽著我大聲的呼喊，母親笑著看了我一眼，隨即又低下頭，把最後一點的菜葉給挑完。

「今天在學校，我有幫老師發作業喔！還有陪同學一起寫作業！」

「好，妳真的好乖啊。」

母親一邊說，一邊起身把菜堆到一旁。她順手摸了摸我的頭，然後朝客廳走去，我像條小尾巴似地綴在後頭，跟著母親團團轉。客廳四處堆滿了家庭代工的東西，像是個小型的倉庫。母親挪動身軀，好不容易才找到一個可以坐下的位置，立刻開始拿起物品進行包裝。她總是很忙，不是打理家裡，就是在客廳進行代工，想賺點錢貼補家用。

我蹲在一旁看著母親，她手腳很快，動作也很靈巧，還沒組裝完成的物品，她三兩下就可以完成一件，然後整齊地擺進紙箱中。

我很喜歡放學回家後，與母親相處的時光。儘管母親很忙，也很少有時間陪我玩，但放學回家便能看到她的身影，同她喋喋不休地述說在學校時發生的點點滴滴，讓我感覺心頭流過一陣的暖流。

長大後，這段溫暖的回憶從未褪色，反而隨著時光更加鮮明。或許也是因為，隨著父母外出工作的時間漸多，這段與母親相處的回憶反而更加令人覺得珍貴。

小學二年級之後，父母為了賺更多的錢，兩人因此搬到了其他縣市做生意，父親在高中當教官、母親則是經營麵店，兩人忙得不可開交，因此無暇照顧我們。於是被留在家中的四個孩子，便由父親的乾姊姊，即是我們的乾姑媽來照顧。

生活上，乾姑媽將我們照顧得很好，衣食無虞，儘管生活不算優渥，卻也無缺。然而，雖然生活沒有太大的變動，我卻知道一切都不一樣了。我再也沒辦法一回家就跟在母親的身後，也無法喋喋不休地向父親報告我的所思所感——這讓我有些寂寞。

我開始學著長大。為了讓父母專心工作，我學著關懷弟妹的功課，寒暑假的時候，則去母親那邊幫忙煮麵、端盤子、洗碗。煮麵時的熱氣氤氳氤氳，以及為客人服務時母親東奔西走的模樣，漸漸取代了她在家中笑著的身影。

父母倒不是出去就不再回來，甚至每天晚上，父親都會刻意騎車過來看我們幾個小蘿蔔頭過得好不好。但我還是十分孤單，因為母親為了顧店，極少過來，只有在寒暑假時，才得以瞥見她的身影。

有時候，一個人的夜晚，我總特別地想念父母，我明白他們必須要賺錢養家，然而希望與他們一起生活的強烈渴望，卻始終揮之不去。我常不禁自問：「為什麼我一定得要跟父母分開呢？」卻得不到一個好的答案。

希望與父母同住的渴望，總在看到同學奔向父母身影時、感受到同儕被父母無微不至的關照時，反覆被勾起。

如果不探究自己的內心到底想要什麼，不斷地逃避，
只會逐漸遠離平靜。

「好，這節課就上到這邊，同學們去洗手準備一下，可以吃午餐了。」

老師放下一整節都拿著不放的粉筆，一邊拍著手，一邊對我們微笑。

我抬頭向上看去，黑板上頭的鬧鐘的時針不偏不倚指在十二點的位置，而肚子也適時地響起了「咕嚕咕嚕」的聲音。飢腸轆轆的感覺與響起的下課鈴無一不在提醒我們——午餐時間到了。

一個早上的密集課程，與青春期容易肚子餓的特性，讓我們每到了午餐時間便特別興奮，早在老師宣布下課前，同學們便躁動不已，一聽到午餐時間到了，大家連忙蹦起來，衝出了教室外。

我踩著輕快的步伐走到中庭——蒸飯箱放在那兒。一早到學校，我便先把便當放進去這個恆溫的機器中，等到了中午，拿出來，就是美味又營養的一餐。同儕之中，有一部份的人與我的方向一致，卻還有一部份的人，是朝著校門口衝去的。

他們是幸福又幸運的一群人。不像我們是帶著隔夜的便當，吃的都是當日現做的愛心便當。每天中午，會有父母送來新鮮現做的便當，先不論便當好壞，光是父母刻意跑來一趟，那份關懷便讓我羨慕不已。

「婉玲，我們一起吃飯吧。」

同班好友小雅去校門拿完便當後，便拎著一個鐵便當盒走到我的面前，圓圓的臉上滿是笑意。

「好啊！」

我將桌上的雜物塞進抽屜，空出了給小雅放便當的位置。小雅順手拉過一張椅子，坐到我的對面。

鐵製的便當盒放到桌上的瞬間，發出了一聲匡噹，引得我抬頭一看。小雅正開心地打開蓋子，盒子一開，香噴噴的味道立刻傳了過來。小小的便當盒中，有粒粒分明的白米飯，看得出已經入味的滷筍干，炒得軟爛的紅蘿蔔絲，還有一道鮮嫩清脆的炒菠菜，正上方甚至加了一顆邊緣有些焦黃的荷包蛋。色彩鮮明的便當，看出了父母十足的用心，小雅於是笑得眉眼彎彎。

「感覺好好吃啊！」

我驚訝地張大了嘴，毫不吝嗇地給予鼓勵。

「妳的看起來也很好吃啊！」

小雅說得不錯，乾姑媽是很用心地準備我的便當的。儘管是隔夜菜，但她總會考慮到菜色要放在蒸飯箱中久蒸，因此會選一些耐蒸的便當菜，比如花椰菜、四季豆等等。

今天的便當正是如此，褐黃的滷蛋，切成大塊的小黃瓜炒紅蘿蔔，還有滿滿的玉米粒拌綠豌豆，因為選擇的都是耐久蒸的菜色，因此不會有葉菜類蒸太久而枯萎、發黃的現象產生。然而口感終究比現做的來得差一些，白飯過於軟爛，小黃瓜也被水氣浸潤，不再清脆，甚至玉米粒的甜味都有些流失了。

我明白乾姑媽已經足夠用心，偶爾卻還是羨慕小雅的父母每日風雨無阻送來便當、那關心的模樣。

這個情緒是靜靜地在內心中悶燒，不是那種強烈的哀戚、痛苦或是難過，就只是有些沉悶，像是人們說的，有個石頭壓在心上的感覺。

我應該要很感恩了，畢竟還有對我們這般好的乾姑媽，卻還是有些許的期待，有一天，父母會搬回來，然後拿著便當笑著對我說：「婉玲，吃飯囉！」

這個小小的願望，從國小一直藏到了國中，卻在高中重新被接回父母的住處時，消失了。我重新與父母相處，卻再沒有原先的親密。

當時正是糖業開始沒落的時期，在糖廠附近開店的母親生意跟著一落千丈，她不再需要像以前一樣從早忙到晚，漸漸可以早歸。而每天早上出門時，母親會為我們四個小孩準備好早餐，並在便當袋中放入她前一晚做好的便當。放學回到家，母親也已經在廚房裡忙碌了，鍋子翻炒的聲音在

生命，是生生不息的，
我們現在的一言一行，都在為下輩子的自己存款。

家中迴盪。

然而，我不再像以前一樣，在沙發丟下書包便往母親奔去。

「媽，我回來囉。」

「好，再等一會就能吃飯啦。」

我走向廚房跟母親打了招呼，然後往房間走去。高中的課業比我想得更加的艱難，我的全副心思撲在上頭，自然沒有了與母親交流的心思。這之中，或許還有著些許青春期的叛逆在其中。

考上高中之後，因為就讀第一志願，讓我有些驕傲與自豪，而同儕家庭的經濟狀況普遍比起國小、國中的同學都好，讓我心中縈繞了許多不好的、陰暗的念頭，只覺得跟同儕比起來，自己家境與背景差得多了。我的內心充滿矛盾，儘管知道父母很辛苦，但止不住心裡對父母及自己身世的抱怨，甚至還有點看不起母親。

我知道自己不該這麼想，但又不知道怎麼處理情緒，只好更加投入在課業中，藉由忙碌填塞自己的腦袋，好讓自己不再胡思亂想。

這一忙，就是好幾年。

高中三年我準備考大學，大學考上了，便搬了出去，與母親的交流不復親密——因為我不曉得要怎麼與她相處，也不曉得，自己的內心到底想要什麼。

明明住在一起，明明是自小我就渴望親近的家人，我卻不知所措，不斷地逃避，讓我們的關係逐漸疏離。

研究所的指導教授是一個對佛法有極深研究的人，跟他待在一起時，他不是跟我討論專業，就是講自己的佛學研究。對佛法一竅不通的我，聽他講久了，開始有些嚮往。我很想知道，為什麼一向崇拜科學、理性至上的指導教授會這樣眉飛色舞地談論佛法？於是我加入了學校中的佛學社，常常跟著他們四處去訪貧、做志工。

「婆婆，那我們走囉。下次再來看您。」

我不是第一次來看這個奶奶，然而每每看到她，總會有滿滿的感慨在心中升起。奶奶眼睛看不到，生下的幾個子女卻都不要她，每次來拜訪奶奶時，她總睡在鐵門的後面，唯一的照護者只有同樣年邁的弟弟，有時一天下來，就只吃一包麵果腹。

那是第一次，我對於教授說的：「人生的苦」感同身受。如果人生走到了盡頭，竟是這樣萬般的苦楚，那麼，我們的生命，究竟有什麼意義？

此後的日子裡，我懷抱著這個疑惑，不斷地追尋。但卻始終沒有答案，甚至開始工作後，由於教師這個職業，接觸了許多特殊生，反倒讓困惑日益增長。為了得到解答，所以當同事問我要不要去參加佛學營時，我一口就答應了。

我記得很清楚，當時我坐在第一排的十二號，正興奮地左右觀望時，有位穿著紅褐色僧衣的人在我面前停駐。抬頭望去，是接下來的主講人——日常法師。他停在我面前，是為了地上的圖釘。我看著他彎腰，平靜地撿起圖釘，又淡定地向前走去的身影，一時間竟覺得震撼。圖釘這樣小小的事物，在人來人往的營隊中，不曉得被多少人無視，然而日常法師卻能觀察到這麼微小的事物，並彎下腰撿拾。

營隊才剛開始，我便已經深受感動，因此接下來的課程，我格外地專心。然後，我聽到了一個用佛法角度詮釋的，關於生命的樣貌——我們的生命，是生生不息的，這一輩子結束了還有下一輩子，所以我們現在的一言一行，都是在為下輩子的自己存款，為了讓自己變得更好。

我一直不明白同樣為人，為何每個人的生命軌跡如此不同，而日常法師講解的這個關於生命的道理，似乎解答了我一直以來的困惑。凡事有因有果，而我們現在的模樣，都來源於自己過去生的積累，我終於找到了一

我曾認為有了物質的給予及偶爾的問候，便是陪伴，
後來才發現這只是一種自我滿足，而非真實地將他人放在心上。

個原因。

自此，我開始學佛，利用學到的佛法理路來理解我的生命，應對我身邊的人事物。而當我學到佛法中，談論父母深恩時，我突然意識到自己與父母的疏離。

儘管開始工作後，我不再像青春期那樣彆扭，也常回家陪伴父母，然而畢竟不住在家裡，距離上本就有些疏遠，更別說教師這個職業，讓自己多了許多要掛心的孩子，就更少把心力放在家中。儘管做得那樣的少，一開始我卻自以為已經足夠孝順——我覺得自己不僅事業有成，能讓父母不須煩憂，還讓他們衣食無虞。

自認為自己已經做得夠好，因此從沒想過更進一步的關懷，陪伴父母，直到學佛後，才發現原來自己一直想得太過淺薄，誤以為物質的給予及偶爾的陪伴便已足夠。

師長教誨我們，不要只修自己的心，而是要學著將他人放在心上。當

我念著師長的提醒，試著將眾生記掛在心中的時候，怎能忘記母親生我養我之恩呢？直到這個念頭湧現的時候，我才驚覺自己似乎從未思考過，母親是多麼值得我尊敬，值得我感謝。

我決定練習體會母親的心意。為了將腦袋的思考付諸實行，我找出了筆記本，翻出一隻藍筆，將對母親的感謝，一筆一劃地記錄在其中。

以前沒這麼練習過，什麼感覺也沒有，這樣一記錄，我突然發現，母親對我的好，都是點滴地溶於生活之中。不曾寫下、不刻意回想，這些如同水般溫潤的關懷很快就被忽略甚至遺忘。

紀錄的過程中，我想起了一件早已塵封在記憶中，叛逆的我忘了感謝的過去。

那是高中的事情，父母難得得空了，便帶著我們去安平的海邊踏浪。

我記得那天，陽光很耀眼，因而襯得海水很藍，微風讓浪翻飛著打在岸上，碎成了白色的泡沫。我與弟妹們奔跑著、踩著浪花嬉戲，父母坐在沙岸上，嘴角噙著微微的笑。

或許是很久沒有全家出遊的原因，我感覺自己的心情十分飛揚，在追逐嬉戲間，幾乎忘了大考的壓力。

「時間差不多囉！」

當夕陽逐漸落下，母親站了起來，對著我們幾個孩子大喊。玩得筋疲力竭的我們穿上拖鞋，往父母走去。

「好累啊！」

妹妹嘴裡喊著，卻依舊蹦蹦跳跳的，繼續對岸邊的人們投以關注的眼神，看得出來她與我一樣，心情極好。

「對啊！我們快回家吃飯吧！」

玩得累了，肚子也餓極了，我們幾個孩子摸著正咕嚕叫著的肚子，加快了腳步。

走在石道上，要走出海岸時，一陣香味順著風鑽進了鼻子，讓我不禁放慢了腳步。香氣是從街道上的攤販傳來的，攤商們似乎看準了嬉戲完一定會肚子餓的心態，於是在出來必經的大道上，擺出了各色的美食，用香氣吸引人潮。

離我們最近的攤位正在煎蚵仔煎，麵糊煎得焦脆的模樣，讓我忍不住吞了一口口水。

「媽……。」

「不行。」

我不過起個頭，母親立刻堅定地表達拒絕，連話也不讓我說完。我看著她的背影，嘟起了嘴。

「可是我們已經很久沒有外食了耶，我好想吃啊！好餓！」

母親對我的撒嬌不為所動，依舊用堅決的語氣拒絕了我：「肚子餓就等回家再吃！聽話，外面的東西不乾淨，等等吃了回去拉肚子怎麼辦？忍一下，回去很快就煮好了。」

我習慣看見母親的固執，極少看到在她強硬的那面下，
埋藏著全心全意愛護我的溫柔。

「您怎麼一點彈性都沒有！」

當時脾氣也不小，我立刻氣惱了起來。不理解母親怎麼一點也不願意聽聽我的聲音，老是用自己的標準衡量事情。

回到家後，為了賭氣，我也不吃晚餐，洗了澡便關在房裡讀書。睡了一覺，起床時氣仍沒有消，拎了午餐的便當，便要走出家門，也不管飢餓的肚子不斷抗議，硬是連母親早已準備好的早餐也不吃。

或許是我的拗脾氣讓母親無可奈何，她嘆了口氣，不再勸我吃東西。

當天晚上踏著低垂的夜幕回家時，我聞到廚房傳來香氣，還有鐵板滋滋作響的聲音。好奇地走去一看，桌上已經擺了兩三盤蚵仔煎，有個盤子上青菜與麵糊食材分離，似乎是沒煎好；有個盤子上的蚵仔煎看著顏色較深，也不曉得是用什麼麵糊做的；而第三盤，已經接近外面店家販賣的外表，麵糊微焦，青菜卻仍鮮嫩欲滴。

「這是……媽……。」

不過一眼，我立刻看出了母親的用心。她趁我不在家的時候，買了食材回來試做，要彌補我昨天沒吃到的遺憾。感動席上了心頭，我喚了她一聲，卻不曉得該說些什麼，心頭被滿滿的溫暖佔據。更有一些愧疚，對於昨日那樣發脾氣感到不好意思。

「回來啦？快去洗手，來吃蚵仔煎啊！」

「好。」

洗了手，拿起筷子，我便往蚵仔煎進攻。其實，我已經不太記得蚵仔煎該是什麼味道了，畢竟太久沒外食了，只有模糊的印象。但我能確定的，是母親的手藝極佳，加上她滿滿的愛心，肯定是比攤販賣得要好吃千百倍。

「好好吃啊！媽，您怎麼這麼會煮？」

我三兩口便吃完一整盤，鮮甜的美味讓我揚起了滿足的笑，我不禁大力讚賞起母親。她嘿嘿地笑了出聲，有些濕漉漉的手往圍裙上一抹。

「那是必須的，我可是一早就去菜市場那邊偷學，回來後還試了好幾種粉做麵糊，太白粉、玉米粉，試了一輪，才知道原來麵糊是用地瓜粉拌出來的。試了這麼多了，味道肯定好的啊！」

聽見母親的用心，我驚訝地揚起了眉，就為了我突如其來的小性子，母親竟用心至此。我突然明白，母親是真的很愛很愛我，她雖然有堅持，卻也會用自己的方式讓步。只是她不太用言語表達，所以我總看到她強硬的那面，極少看見她埋藏在深處的愛護。

當時的感動隨著時光被埋藏，我幾乎都快忘了自己的心曾經被母親如此觸動，是隨著嘗試將回憶翻出寫下，才終於又找回曾有的感動。很多事情似乎都是這樣的，必須要刻意練習，否則便容易在習以為常的日常中，用忙碌當藉口，讓心的感受變得麻木，忽視了母親這顯而易見的用心。

這樣思考後，我才驚覺，儘管母親話不多，卻一直用著自己的方式在愛我們。那麼我呢？我又為了母親做了什麼呢？我曾讓母親體會過同樣的我不曉得，但我知道，自己必須做出改變。從小事開始，讓母親感受到我也是支持著她，對她充滿感恩的。

溫暖與感動嗎？

「媽，您怎麼了？」

母親最近看起來有些奇怪，每次回家看她，她就一副若有所思的樣子。往常的她是很有活力的，不是在廚房料理，就是繞來繞去地打掃；最近她卻總一臉失落，像是有什麼心事壓著，笑容也少了。

「也沒什麼，只是……。」

「怎麼啦？媽，您說說看，別擔心，不管是什麼事我一定會幫忙的啊。」

我們心情的好壞與否，不在於外在環境的順遂，
在於能不能用一顆美好的心，原諒自己、肯定他人。

我走到了母親身旁的沙發坐下，伸手握住她的手，眼睛定定地看向她，希望給母親一些溫暖與力量。我們對視了一會，母親的眼神帶著迷惘，像是有極大的猶豫，吞了好幾口口水，深呼吸後，才又重新開口。

「妳也曉得，現在大家都不住在家裡啦，我比以往清閒很多，最近常常覺得家裡好安靜啊。」

「那您要不要找點事情做？現在我們都長大了，您也有了自己的時間，有什麼想嘗試的事情，都可以不需要再顧慮啦！」

「……其實……我是有想做的事情……。」

「媽，您跟我說吧，我一定都會支持的。」

看出了母親仍左右為難的模樣，我刻意將語氣放緩，繼續鼓勵著她，希望不要讓她覺得有壓力。

「我……我在想要不要回去讀書。」

——原來是這樣啊。

我頓時明白了母親猶豫的理由。為了生活，她自幼失學，結婚後為了家庭、孩子，她更是無力顧及那個熱愛學習的心。為了家庭奔波幾十年，現在說想要回去讀書，難免令她躊躇不決。

「這很好啊！現在正好各個學校都在招生，只要去報名，您就可以重返校園啦！」

我欣喜地鼓舞著母親，藉著重返校園，母親不僅可以找回童年的夢想，也能夠安慰幼年就失學的遺憾。

「但是……這麼久沒讀了，如果學業遇到問題怎麼辦？」

「媽，別擔心，您一定可以的啊！況且您還有我們，我們幾個小孩，都會是您最好的助手！」

我興奮地說著，母親看著我開心的表情，臉色也漸漸變得紅潤，隨即用力地點著頭。

為了幫助母親更快習慣讀書的作息，我跟幾個弟妹商量後，決定當母親專屬的「家庭教師」，並且著手重新佈置家中擺設，希望幫母親找回當年讀書的快樂。

我們刻意製作了二十六個英文字母的練習本，讓母親在學校英文課前可以先做預習；並且買了國內外的地圖，掛滿整個家中牆面，讓母親不至於銜接不上地理；小妹則興沖沖地跑到書店，買回國一的數學習題，讓母親提前做準備。

日子一天天的過去，母親如同被澆水的植物般，整個人都鮮活了起來，像是有無窮的精力自心間升起。而隨著母親重返校園，她的生活也充實許多。從原先因孩子都長大離家而失去重心的模樣，再度活力充沛。不再只為了家人而活，這次，母親是為了自己。

從國中補校，一路念到高中，母親是快樂的，甚至找到了新的興趣——寫作。

起因是學校裡的國文課，老師們都會定期出作文作業。當時母親的班導師十分肯定母親努力向上的精神，總給她滿滿的鼓勵。或許是這樣，母親特別喜歡上他的課，更愛上了寫作文。

我還記得當時那位老師為了讓學生有選擇的餘地，作文總會一次出兩道題，讓學生自由擇題撰寫，母親是不會選的，兩道題都做，靈感泉湧的模樣讓我欽佩不已。我既是欽佩母親有寫作的才華，更是欽佩母親始終想要學習的精神。

「媽，您真的好厲害喔！我覺得我以前都沒有您用功。」

我不吝於對母親表達我的崇拜，或許說，有時我是刻意地將心中的敬佩說出來，甚至保持在一種跟母親學習的狀態給她看。

除了用言語表達敬愛，我更在許多方面用行動讓母親感受到我的真心。比如飲食，母親一貫吃得清淡健康，我反而偏愛口味重的食物，她看在眼裡，自然操心不已。儘管開明的她從不說出口，我卻從母親的表情中看出她的欲言又止。

我們經常用忙碌當藉口，
對他人的用心，麻木地什麼感覺也沒有。

為了讓她放下擔憂的心，我開始改變習慣，注重自己的飲食。偶爾只是少放幾匙醬油，都可以看見母親因欣慰而顯得明亮的雙眼，讓我更加不願令她傷心，從而漸漸改變了自己的飲食習慣。

這樣刻意的學習狀態，是因為以前在《弟子規》中聽過一句話：「對尊長，勿見能。」講的是在長輩面前，不要表現得太厲害，或是讓長輩覺得自己被看不起。儘管這狀態是不自覺的，都可能會傷害到長輩的心。

現在的時代，變動得很快，我們成長的環境或學習的事物，可能已經與父母生長的年代相差甚遠，若在這時候，我們還表現的一副比父母強的樣子，可能會令他們覺得自己跟不上時代，抑或是認為自己已經老了。我不希望讓母親也有這樣的心情。儘管，我逐漸上了年紀，但我一直都是她的孩子，孩子，本就該跟父母親學的，而非長大了，就把對方遺忘了。

不只有孩子需要父母的肯定，父母也是啊，他們也希望自己仍是有價值的，仍是被需要的。如果這樣能換來母親的笑顏，又為什麼要強做一副高傲的樣子呢？

我很喜歡看到母親因為被需要，甚或是證明自己能力後開心的表情，也希望能夠守護這個笑容。

沐浴在夕陽餘暉開車回家時，我意識到有好一陣子沒來探望母親了。儘管我有盡量撥空回來陪伴她，畢竟仍是住在外地，工作也繁忙，還是難以事事關照到母親。

「我回來囉！」

走進家門，母親已經備好了一桌的菜等著我，看見我，她笑得很開心，連連呼喚著我，要我趕快坐下來吃飯。洗好手、走進廚房，我看著滿桌的菜，眨了眨眼睛——父親過世的現在，這滿桌子的菜，似乎份量有些太多。

「媽，您怎麼煮得這麼豐盛啊，今天是什麼好日子嗎？」

我夾了菠菜，便往母親碗裡放。她笑了笑，又嘆口氣：「唉，不習慣啊，妳爸走了以後，剩我一個人，份量實在很難抓。不是一不小心買太多吃不完，就是因為份量少不曉得怎麼採買才好。」

我有些心疼母親。最近回家，她總笑著特別對我說，她都會自己去當義工，或是找朋友打羽毛球，日子過得還算殷實，要我別擔心。母親個性一向獨立，但我心裡明白隨著孩子都長大離家、丈夫過世，母親獨自居住在空蕩蕩的房子，小小的身影不論怎麼想都有些孤單。

「那……您要不要搬過來跟我一起住？」

「不用啦，我住這邊習慣啦。」

「可是您在這邊連煮飯都不方便，我實在不放心。而且因為獨居，您菜都煮得很少，我怕您這樣吃營養不良，久了心情也會不好。」

「別擔心，我自己可以了啦。」

母親連連揮著手，看她推辭的模樣，我也不好再勸。我懂母親的掛心，過半生的日子，她就這樣守在這個家，然後看著這個偌大的房子從原先熱鬧的氛圍，漸漸剩下自己。她心中必定是複雜的。這個家充斥了太多的回憶，更別說她的朋友圈與習慣的日常都扎根在這片土地了，所以一定捨不得走，也不適應變動。

但我就是不放心她。

儘管母親一直以來都是很獨立自主的人，一個人也可以把生活過得很好，但看到她平常都是獨自生活，內心就會很擔心。因為我知道，很多老人家獨居後，會因為孤獨而漸漸變得憂鬱，鬱悶侵蝕心中久了，就容易造成失智。儘管母親看著沒有這個現象，但家族有失智的病史，加上我理解所有的疾病都是預防勝於治療，因此更加堅定帶母親來同住的心。

我和妹妹商量了一下，決定讓母親漸進式地習慣與我同住，而非直接

母親真的很愛很愛我，所以在生活中的大小事，
我不吝於表達對她的崇拜與感謝，很想讓母親感受到我也一樣心繫著她。

讓她從原來的地方連根拔起。

「媽，還是您一週去姐姐那邊住幾天啊？也不是說要您搬家，就是去住個幾天，當作旅遊，您覺得如何？」

妹妹刻意打電話遊說母親，母親猶豫了一下，才點頭答應。母親來跟我一起住的時候，我會帶她到附近的教育園區當義工——這是我開始學佛後就有的習慣，藉由服務他人，看到他人的笑容，讓自己也跟著體會這份喜悅。

母親一直都是很熱情的人，所以她很開心能透過當義工與他人互動，當看到身邊同伴的笑容，母親就會更加開懷，也更有動力地四處奔走。

就這樣過了半年，母親看來越來越有活力，而看著這樣的母親，我們這些兒女也十分感動。

「媽，您既然在姐姐那邊這麼快樂，不如就直接搬過去啊！這樣就不用兩地來回了。」

在一次的聚會中，妹妹自然地又重提了一次搬家的事情，這次的母親不再堅定拒絕，甚至開心地笑了出聲：「欸，妳說得對耶！也可以啊。」有了這個意向後，母親開始興沖沖地要我積極找房子，很快地，她便搬了過來。我們母女久違地重回了同住的生活。

每天回家便能看到母親身影的日子，像是回到了國小，當時我還對跟母親同住感到渴望，對能在母親身邊跟前跟後的日子感到嚮往。而今，揮別了不珍惜光陰的高中時代，我再度品嚐到和母親親近的喜悅。

因為工作地點就在附近，所以除了在家吃早餐，每天中午，我會特地回家陪母親吃飯，下班回到家便與母親聊聊生活的瑣事，假日更與母親一同散步，無話不談。

母親挺喜歡運動的，因此總拉著我以散步的名義四處跑，與她相反，我有點懶得動，但看母親興沖沖的模樣，總不想拒絕。

陪她散步時，我會刻意用點小心機，每次都走不同的路線，這樣既新鮮，又有探險的感覺，讓母親樂此不疲地四處探索。我還會刻意走得比母親慢，跟在她後面緩緩地走。而她看到我走在後頭，能跟上她，心情就會很好。

「哎呀，我發現妳可以跟上我耶，妳有進步喔！」

有一回，母親突然回過頭對我說道，語氣帶著些許的驕傲與喜悅。我立刻伸出手，把手當成風扇般搧了搧臉頰，一副很疲憊的模樣：「對啊！媽，您真的太厲害了，能走得這麼快！」

「所以妳要加油啊！」

「好，我一定爭取早日趕上媽媽的腳步！」刻意端正地向她行了個軍禮，表示收到她的指示。母親看著我的模樣開懷大笑。

儘管，我不愛運動，但不能否認的是，在散步的過程中，我與母親的交流比以往頻繁許多。在母親與我聊天時，我下意識會模仿孩時母親聽我說話的模樣——認真傾聽，再與她對話。

以前的經驗讓我體會到一件事，如果有人願意認真聆聽，並與自己對話，那將成為生命一個很大的依靠。當時，母親就是我的依靠；現在，我也希望能成為母親的依靠。

漸漸的，母親開始對我傾吐她的內心——那些陳年的、始終過不去的回憶。

上了年紀的人，累積了許多人生的經驗，有可能是快樂的、難受的，也會有挫敗的記憶。當這些不好的想法經年累月地被溫習，便容易堆積成一道高聳的城牆，怎麼也過不去。母親因此會反覆地提起這些生命中過不了的坎。

真如老師曾說過：「我們要養成樂觀積極的思路」，因為「我們生命美好與否，實際上並不在於外在環境的美好與否，而在於說：你能不能有一顆美好的心？」

我希望能與母親一同跨過這道城牆，希望她的快樂不僅來自於對自己

找到屬於自己的重心，
就會有無窮的動力從心裡升起。

的肯定，更是來自於原諒他人、並能肯定他人。

想要鼓勵母親轉念，放下那些過不去的事情，只是用口頭講實在過於蒼白無力，也容易流於一種形式上的碎念，甚至可能會讓母親覺得我在教育她。所以我選擇用軟性的方式讓母親來練習。

如同我拿著紙筆寫下對母親的感恩，來喚起自己敬愛母親的心，用寫作這個方式讓母親練習回顧自己的生命，可能也是一個很好的總結與跨越，加上母親一直對寫作很有興趣，或許她能夠很高興地實行。

有了想法，我立刻馬不停蹄地跑到母親面前：「媽，您要不要試著寫回憶錄啊？」

「啊？妳在說什麼啊？」母親一臉茫然，顯然被我嚇了一跳。

「啊，抱歉，我太心急了。我只是突然想到，一直以來很多事情，我都是因為跟您學習才知道、進步的，也因為您，我改變了好多的壞習慣。所以我在想，如果您的這些智慧能夠被留下來就好了。」

我搔了搔頭，繼續說：「媽，跟您聊天的過程中，我發現您生命中有很多很精彩的、值得被寫下來的事情，而您又很擅長寫作，所以我想，或許您可以試著寫一本回憶錄……您覺得怎麼樣？」

「寫回憶錄？我不行啦！以前我都是寫短短的文章，回憶錄要寫滿一整本耶！我做不到。」

「不會啦，可以不用寫很長啊，只要寫一些人生的重點，給我們一些啟示就好啦！」

母親仍是不斷推辭，似乎是有些畏懼，我不急著強求。只是先置辦了一些文具：筆記本、鉛筆、稿紙等等，甚至買了一本字典，讓母親可以查詢不懂的字，怕她寫字眼睛累，所以我還買了一個放大鏡，讓母親可以減輕眼睛的負擔。而隨著我的遊說，加上每次散步聊天時，都在回顧、討論，漸漸的，母親竟跟我把回憶錄的章節名稱給討論了出來。

或許是已經有了架構，加上不斷的討論，讓母親也多增添了一些信心，她終於拿起筆，開始撰寫自己的生命故事。

要踏出第一步總是最困難的，而只要事情開始推進後，漸漸便會找到樂趣及成就，我看得出來，母親越寫越有信心。

每每看著她伏案的身影，我就感受到一股溫暖在心間流竄。她的稿子上有著拿橡皮擦擦過後又重寫的痕跡，反覆修改的印記總能讓我感受到母親是放了多少的用心在其中。

母親寫得高興，每一章寫完都會念給我聽，與我分享她的努力，在她的臉龐中，我看出她也在這個過程中，看到了自己生命的精彩，她不只回顧了自己的人生，更記錄了自己的善行。

也許是因為多是看向那些溫暖的事情，母親抱怨的話漸漸的少了，而在她生命體驗中，「愛」的感覺則漸漸多了起來。

我總忍不住地對著她讚嘆，自告奮勇當她的編輯。母親寫完，我們幾個孩子便幫忙打成電子檔，並進行編輯。過程中，不斷地重溫母親的人生與智慧，讓我更加地了解母親。

「媽，您真的好棒。」

一開始，我只是希望能讓母親透由寫作的過程，看見自己生命過程裡也有許多閃亮的、值得被記憶的事情，希望在這過程中讓她能夠忘懷其他過不去的事情，然而，卻帶來了意想不到的效果。

不只是母親改變了，我也是，在這過程中，更加確定母親是我人生的榜樣，是我應該不斷學習，敬佩的存在。表面上，我是藉著回憶錄陪母親走過她的生活，事實卻是，我更加理解了母親，更加學會感謝她儘管一路辛苦，卻仍是開朗地生活。

幼時那因為母親忙碌的孤獨，也在這過程中被化解。我重新體會到母

跨出第一步總是最難的，
然而只要事情開始推進後，漸漸便會找到樂趣及成就感。

親一個人從早上開始做生意到半夜的辛苦，也看到她在做生意的過程中，遇到形形色色的人，要如何去應對的智慧，這些都是我不曾瞭解的母親。

回憶錄編輯、印刷完成後，母親看著舅舅和我們幾個孩子送給她的鼓勵序文，還有自己每段生命回顧，高興地將書籍送給了很多人，以前鄰居看了很感動，抓著妹妹便大力地讚揚母親。

「媽，您都不知道，隔壁陳阿姨好佩服您啊。她說您很了不起，一輩子在家庭中忙碌，竟然還可以回去讀書，甚至做義工幫助很多人，走出屬於自己的生命光彩。她說想跟您多要幾本書，要拿去分享給那些跟您一樣遭遇的人，鼓勵她們走出來。」

聽見妹妹的轉述，母親靦腆地搔著臉，微微笑了起來。

夏日的晚風迎面而來，帶來一股悶熱的氣息。不過幾步路的時間，我便滿身大汗。然而黏膩的感覺影響不了即將到家的喜悅，我腳步輕快地踏入院子。

「我回來啦！」

打開家門，母親迎著暖黃的光線朝我走來，圓圓的臉上帶著滿滿的笑容。我湊上前給她一個擁抱。

「婉玲啊，我跟妳說，今天我去當義工的時候啊，做了很多事情耶！」

母親握著我的手，叨叨絮絮地對著我說。不知從何開始，每每我回到家的時候，母親便會迎上來，把她今日發生的事情、遇到的人、心裡最深的感觸與我分享。

恍惚間，我似乎回到了童年，那時我總纏著母親，不斷地說著話，而母親四處走來走去，卻總不會忘記給我一個笑。時光荏苒，我長大了，母親老了，而她開始喜歡對著我傾訴，一如曾經的我。我一直覺得，身邊有一個人能傾聽、理解我，給我帶來極大的溫暖、極深的安慰。母親一直都是這樣的存在，她是我的知己，讓我知道，不管怎麼樣，都會有一個人在我身邊，所以我不用怕，可以奮力地向外飛。我希望，我也能帶給她同樣的溫暖。

日常老和尚是這樣形容父母的：「她一心一意從你在她肚子裡結生的開始，一直到她兩腳一伸，沒有別的，就是關心你。」每當想到這，都忍不住熱淚盈眶。唯有母親，會無條件地愛自己，這樣的深恩，千斤萬斤的重，我只能牢牢記在心中，用這輩子，報答母親的恩情。

# 因為愛，所以守候

吳幸融 文

蔡毓芳

關係如同一面鏡子，一個人微笑，另一個人一定也會微笑；一個人發怒，另一個人一定也有同等的怒氣。

一味地強求他人改變，只會將彼此的關係越拉越遠。

不知道是不是因為今天是丈夫的生日，婆婆一早起床就精神很好，臉上一直帶著微笑。

「媽，您來坐這邊。這裡靠近風口，比較涼。」

我拍了拍靠窗的椅子，招呼著婆婆。她一向怕熱，每每總要挑一個能吹到風的位置，才不會滿身是汗。

「媽，吃蛋糕，這是孫女早上特地去買的，奶油很甜、很好吃，是您最喜歡的。」

平日不安於室的丈夫難得地安坐在旁邊，他切下桌前點綴著糖漬櫻桃的奶油蛋糕，然後擺到婆婆面前。

在我眼中，丈夫從來就不是勤奮的男人，最大的優點，就是孝順。也幸好他孝順，否則，這幾十年的婚姻，我都不曉得自己是怎麼走過的。

「好吃嗎？」

「好，當然好。其實，能看到你們好，我就什麼都好啦。」面對我的問句，婆婆笑著摸自己的腦袋，搖頭晃腦地說著。

我聽懂了婆婆的言下之意，儘管她從不說，但我與丈夫的心結她看得清清楚楚，也總為此而擔憂。

婆婆是個傳統的女人，最大的願望，就是孩子能夠幸福，有一個開心的家庭，然而這幾年我與丈夫的各種風雨，讓她牽掛不已，也放不下心。

我笑了笑，沒有接話。

對丈夫，我愛過，也怨過。然而這幾年的婚姻生涯，讓我早已看淡對他的感情。真正重要的，是孩子，以及將我視如己出的婆婆，我只希望他們快樂。

稍微慶祝過後，丈夫跑去花園修剪花木，孩子們也各自回房，只有我繼續坐在客廳與婆婆談天。她依舊一臉開心，然而眼神卻有些不一樣，盯著天花板直看，不曉得在想些什麼。而她的全身汗涔涔的，斗大的汗水不斷從額頭流下。

「媽，您怎麼一直流汗，很熱嗎？」

我拿起衛生紙湊上前幫婆婆擦汗，摸了摸她的額頭。婆婆的狀況看起來不太對勁，電風扇正對著婆婆直吹，就算再怎麼怕熱也不該像現在這樣直冒汗。

「您是不是身體不舒服？」

「疑？沒有呀，沒事。」

我擔憂地湊上前，婆婆順勢將下巴靠在我的肩膀，像是要討一個擁抱一般。正當我伸出手拍著婆婆的背時，我突然察覺到婆婆整個人都軟了下來，像是一顆消了氣的皮球，攤軟在了我的懷中。

「媽！您怎麼了？您別嚇我！媽！」

那是最後一次，我將婆婆抱在懷中。在蟬聲轟鳴的夏天，因為心臟衰竭，她安詳地逝世，永遠地離開了我們。

記憶中的婆婆，一直是個溫暖的人。

第一次去拜訪公婆時，公公繃著臉，臉上沒有太多表情，看起來對我有些不滿意，我明白為什麼。他們家從農，公公自然希望媳婦看起來人高馬大，比較能幫得上忙，偏偏我生得嬌小，感覺一點力量也沒有。因此在他心中，我並不是為人媳婦的最佳人選。相較之下，婆婆眉眼彎彎，表情充盈著歡喜。

「太好啦！太好啦！幸融，歡迎妳，未來要請妳多多指教啦！」

婆婆握起我的手，臉部因為微笑泛起許多細小的皺紋，陽光撒在她臉上，柔和地打上光暈。

那是我與婆婆的初見，她的友善卻已經打動了我的心。

婆婆這輩子少有體會長輩的疼愛，受過苦的她不希望我再經歷相同的痛苦，因此總盡可能地體諒我、對我好。

「媽，我才是，要請您多關照了。」小心翼翼地改了稱呼，我也對著婆婆露出了微笑。我已經記不清，那次的拜訪，我們談了什麼話，做些什麼事情，但婆婆溫暖的笑容，卻一直刻在我的腦海。

嫁來的第一天晚上，我睡得不太好。儘管婆婆人很和善，但自從知道我要嫁人後，母親便成天在我耳邊叨叨絮絮地提醒，為人媳婦該有的各種規矩，一條條的規矩從耳中竄進了腦袋，來不及記清，又來一條，震得我頭暈腦脹，焦慮不已。夜深人靜時躺在床上回憶，只記得一定要特意早起，要為家人準備早餐。

我翻來覆去，因為憂慮而睡不沉，半睡半醒的時候，我聽見了鬧鐘的聲音，急忙坐起。看了看窗外，一點光也沒透進來，冰冷的空氣強烈地喚醒我的精神。正打算起床時，卻聽見廚房傳來鍋鏟來回碰撞的聲音，讓我忍不住一愣。才凌晨五點，婆婆怎麼已經開始做早餐了？

小心翼翼地起身，我走出了房門。

廚房的燈被點亮，少了房間門板的隔擋，自來水撞擊流理台的聲音清晰地傳來，嘩啦嘩啦的，像是下了雨。我慌慌張張地走入廚房，婆婆正背對著我，捲捲的花白頭髮配上圓潤的身材，讓她看起來十分可愛。她專注地切著砧板上的地瓜，感覺心情十分愉悅。

看到婆婆早已起床，有種罪惡感悄悄在心底升起——身為媳婦，我怎能比婆婆晚起……。

「媽……。」

「幸融？天氣這麼冷，怎麼還這麼早起？」聽見我侷促的聲音，婆婆驚訝地轉過頭來。

「媽……娘家媽媽交代過，要我記得起來跟您學做菜。」

「不用不用，這麼冷，妳回去睡覺！我還能做事，妳不用擔心。再說啦，有句話不是說一個廚房容不下兩個女人嗎？所以這邊就放心交給我！」婆婆用力拍了拍自己的胸脯，一臉得意。

「等哪天我做不來了，再換妳做吧！」

我訝異地瞪大眼睛，我沒想到婆婆會這麼說。那瞬間，感動似潮水，從心上湧現，席捲了全身。

——這是我在娘家時，從未感受過的感覺，既溫暖又令人安心。

「嗯。」懸在半空中的擔心，因為婆婆的話語落了地。看著婆婆溫暖的笑臉，我放下了忐忑整晚的焦慮。看我顧著笑，一動也不動的模樣，婆婆走了過來，推著我的背要我回房休息。

「怎麼這麼快就回房間了？」

聽見房門開闔的聲音，丈夫揉了揉眼，帶著濃濃的鼻音問道。

「媽媽要我回來休息，她說廚房不用兩個女人，交給她就對了！」

「媽媽是一個很單純，不會客套、說假話的人。她怎麼說，妳怎麼做，她就會很高興了。所以她要妳回來休息，那妳就好好休息。現在才五點呢，可以再睡一下。」丈夫的聲音帶著濃濃的睡意，一邊說話，一邊翻身，強撐著意識回應我。

「我知道，你也快睡吧。」

坐在床緣，我已經沒了睡意，但心上的暖意仍流動著。

結婚後的生活，實在與我的原生家庭太不同了。

父母一直很疼愛我們幾個孩子，然而卻沒辦法給我們安全感——因為他們兩人總在吵架。為錢、為孩子的教育方式、為各式各樣的理由，兩人常常吵得不可開交。吵到最後，通常母親便會失去理智；有時甚至會拿出菜刀，說要與父親同歸於盡；時而說要拉著小孩一起跳河，憤怒凌駕了她的理智，說出來的話也有些口不擇言，卻嚇壞了我們幾個小孩。

我還記得高一有次放學回家，看到弟弟站在鴿舍上，而父母站在底下吵架的畫面。

當時的弟弟迷上了賽鴿，總跟著鄰居學養鴿子、清鴿舍，妄想靠獎金發財。或許是因為總看著父母為錢而吵，因此弟弟天真地覺得只要有錢，關係如同一面鏡子，一個人微笑，另一個人一定也會微笑；
一個人發怒，另一個人一定也有同等的怒氣。

家裡就能平靜了。卻沒想到他向錢看齊的習慣惹火了認為「書中自有黃金屋」的父親，總迎來父親的怒罵；母親則認為弟弟不是讀書的料子，想勸父親放下，勸著勸著，火氣就上來了，兩人吵得不可開交。

那天放學回家，弟弟正站在鴿舍上揮旗子，練習指揮鴿子；父親站在地上破口大罵：「你給我下來！再不下來我就放把火把鴿舍燒了！」

「你說什麼！再怎麼樣也不該這樣恐嚇孩子吧！」

母親眉毛豎起，扯開喉嚨對著父親大喊。兩人一來一往攻訐著彼此，倒把還在鴿舍裡的弟弟忘得一乾二淨。

「你們別吵了！」我無能為力，站在旁邊流淚，聲音卻進不了父母的耳中，只得轉換對象，朝鴿舍大喊：「弟，別看了！快下來！」

我又氣又急，一下對父母說話，一下對弟弟大喊，母親聽了，更加火冒三丈，喊著要離婚、要帶著幾個孩子一起去死。嚇得我們大驚失色，在一旁拚命地哭。心中也有些埋怨，不明白父母吵架與我們有何干係？怎麼老是將戰火延續到我們的身上，一點也不顧及我們的感受。

當時我便希望將來出嫁，能夠不像媽媽這般，總被生氣的情緒籠罩。我希望自己可以很快樂，總是開開心心的，更希望讓自己的孩子不再有與我一樣的感受，我希望他們能夠安心。

來到這裡，婆婆總是堆起笑容的神情給了我極大的安全感，我知道，在婆婆的面前，我是能夠放心的。

安下了心，我以極快的速度融入了這個家。

「媽媽駝背好嚴重啊，是從小就這樣嗎？」

我走到花園，透著玻璃窗向屋內看，婆婆正在廚房忙著。不知是早已養成習慣，抑或是心急，她的動作有些粗魯，導致洗手槽的水花四濺。蹲在花園裡的丈夫，拿著鏟子挖起盆栽中的樹木，低垂的眉眼讓我看不清他的表情。

「妳也知道，媽媽她是童養媳，從十歲開始就要做很多事，要砍柴還要挑水，慢慢就被這些重擔壓得彎起了脊椎，久了，也就駝背了。」

丈夫的聲音在花園間散開，聲音低得幾乎被夏日的蟬鳴給遮去。或許是想起了母親長年的辛勞，他嘆了口氣，放下鏟子，眼睛透著玻璃窗看向遠處的婆婆。

一同望著婆婆的身影，我想起了母親。母親嫁給父親後也是這樣的，有好多好多忙不完的事情，當時我曾陪著她走那條顛簸的石子路去市場賣菜，在天未亮的時候便得出門，母親總擔起兩簍沉甸甸的菜簍，再空出一隻手牽著年幼的我，沿街叫賣，喊到嗓子啞了，好不容易才賣完簍裡的青菜。頂著烈日的照耀在毫無遮蔽的路上趕回家後，母親立刻一邊捶著腰椎一邊開始做家事。

婆婆一定是更辛苦的，否則怎會彎腰駝背，甚至總像被什麼在後面追趕一般，形色匆匆。

「媽媽看起來有些粗魯對吧？」看著自己的母親，丈夫的表情變得和緩。「以前的她總有一大堆做不完的事情，一下子要煮菜，一下子要牽牛出去吃草，又要曬稻穀。太多做不完的事情，讓她總是很心急，她沒辦法靜下心把事情弄得整整齊齊的，只求快點做完，可以早點休息，動作自然就粗魯了。」

「媽媽真的好辛苦……。」

聽著我的感嘆，丈夫彎起了眼睛，笑著對我說：「幸融，要請妳多多包涵媽媽了，她已經辛苦了大半輩子，下半生，我們讓媽媽過得更快樂點吧。」

「那是自然，我本來就必須讓媽媽過得快樂，你不要擔心。」

婆婆對我這麼好，我自然也得投桃報李啊。

當心裡不平時，如果有個人能與我站在同一陣線，再大的痛楚也會軟化下來。

看婆婆在廚房裡忙完了，我走上前接過婆婆剛洗好的碗盤，盤子摸著還有些油油的，但我不動聲色，先擺進櫥櫃中。

「媽，您等等要出門啊？」

「是啊，阿桃找我一起去逛菜市場，我想去挑看看有沒有新鮮的水果可以買。對了，冰箱有我煮好的楊桃湯，等等妳記得拿出來喝啊。」

「好，謝謝媽，您別擔心！」我摟著婆婆的肩膀撒嬌，送她出門後，便走回廚房，把剛剛沒洗淨的碗盤再拿出來。也許是因為心急，婆婆洗完的碗盤，依舊會殘有油漬。我擔心直接拿回水槽洗，會傷了婆婆的心，所以總趁她沒看到的時候重新清洗一遍。

洗好了碗，我拿起仍在滴水的抹布，重新淋水、擰乾，把流理臺上飛濺的水漬、油漬給擦除。除了廚房的清潔，有時候看到婆婆晾衣服東倒西歪的樣子，我也會趁她沒看見的時候偷偷走過去，把衣服弄整齊。做事性急的婆婆晾起衣服有正有反，甚至有時一半的袖子或褲管還紮在衣服中，與母親一絲不苟的個性相差甚大。

儘管我不習慣婆婆的做事方式，卻也不想用言語改變她。看不慣的事情，我事後偷偷做就好，又何必強求，導致傷害了婆婆，也傷害我們的婆媳關係。更何況，面對一個待自己比親生母親更溫柔的長輩，我必定會更加留意自己的一言一行。

丈夫說過：「只要妳順著她，她就會開心了。」

這句話真是說得半分也沒錯。記得高中的時候，父親曾問我：「妳覺得什麼是孝？」

當時我支支吾吾，半句話也說不出來。對於自己連這樣基礎的問題也答不出來，感到有些羞愧。

「妳看，『孝』一字，通常接著的就是『順』，所以我們總說，孝順、孝順。順是什麼？順從，所以妳順從長輩，就是孝順。很簡單吧！」

也許對有些人來說，順從長輩，是很困難的。畢竟世代間的成長背景不同，觀念一定也大相逕庭，要做到全然地順從，必定是十分困難的。

但傻氣的我聽了父親的話，默默點點頭，然後記在了心裡，現在則用在了日常。

而這份「順」的心情，除了父親的教導，也因為對婆婆的憐惜。

我知道，儘管婆婆對我總笑笑的，看著溫柔，實際上內心隱藏許多的傷痛。五歲被賣去當童養媳的時候，她的婆婆似乎覺得買了這個人來，便是要當傭人、做苦工的，從沒有疼惜過這個年紀輕輕便駝起了背的孩子。

付出了很多的努力，不僅沒人看到，丈夫也不靠譜。公公很愛打四色牌，總輸了許多錢，常常稻穀還在田裡沒收割，公公就已經賤賣給別人了。婆婆又氣又急，卻拿他沒辦法。

婆婆會對我這麼好，一部分也是因為她從未感受過自己婆婆的疼愛。受過苦的她不希望自己的媳婦再經歷相同的痛苦，因此盡可能地體諒我，對我好。

我常想，一個會疼惜媳婦的婆婆，大抵是全天下最聰明的婆婆。婆媳關係如同一面鏡子，一個人微笑，另一個人一定也會微笑；一個人發怒，另一個人一定也有同等的怒氣，所以婆婆這麼疼我，我又怎麼可能蠻橫地對待她？

我真的好佩服婆婆，雖然丈夫說，婆婆因為沒讀書、不識字，總有些自卑，但她的智慧卻不因此而蒙塵，反而在她自身的經歷中閃閃發著光。

嫁來這個家，我覺得我過得實在好幸福，公婆待我和善，丈夫與我感情和樂，工作也順利，人生自此，又有什麼好埋怨的？而耽溺安逸的我，並沒有發現，人生最大的風浪即將來襲，現在的安穩，不過是暴風雨前的寧靜罷了。

關起了與他溝通的門，或許當下是情緒釋放，
但會不會讓將來的我為了這個決定後悔？

湧浪的風，來自丈夫的哥哥。因為婆婆生了六個女孩，沒有生男孩，丈夫是公公婆婆特別收養的養子，原生家庭的大哥與丈夫工廠的股東很要好，因而聽到了一些傳聞，刻意前來要我注意。

「最近身體還好嗎？」他帶了一籃蘋果放在床前，臉上掛著笑。大哥與丈夫長得很像，深邃的眉眼帶著關懷。

「很好啊！大家都超照顧我的，只是在做月子不能隨便亂跑。」我樂呵呵地說著，手輕輕搖著床邊的搖籃，女兒睡在裡頭，臉龐紅撲撲的，像是蘋果一般可愛。大哥笑著稱讚了女兒幾聲，便站在床前與我話家常，然而表情欲言又止的，像是想說些什麼又不知道如何說出口。

「大哥，你怎麼了？有事就說吧！」

「……弟妹，妳可先別生氣啊……。」

大哥吞吞吐吐，終究娓娓道來。原來是丈夫與公司的一位女股東關係親密，引起了其他人的注意。大哥怕丈夫誤入歧途，惹我傷心，所以趕來

警告我。

我愣了一下，一股細密的痛楚從心上傳來。

似有一把針，在心頭輕輕戳刺，儘管沒有一箭穿心，卻也疼痛難耐。我彷彿分裂成了兩個人，一半的我傷心欲絕，另一半卻充斥著懷疑。我不願意相信丈夫是這樣的人，我們才新婚三年，孩子甚至剛出生，他怎麼會有外遇的可能？況且都說眼見為憑，我什麼也沒看到，怎能憑大哥幾句話判他生死？

「謝謝你，大哥，我會多注意的。」

深吸了口氣，我努力對大哥揚起了笑容，藉口身體不適，送走了他。我心煩意亂，連著好幾天睡不好，吃不下，丈夫與婆婆以為我是因為剛生產導致身體虛弱，更加無微不至地關懷我。

看著丈夫關心的笑容，我不停自問著：「到底該不該相信大哥？」我沒有結論，日日煩憂著。一日，卻有一名女性找了上門，她穿著粉色的套裝，一頭長髮梳得整整齊齊，畫著淡妝的臉帶著慌亂與決絕。她長得清秀，就是眼睛流淌的淚水壞了妝容。

請她進來後，我才知道，原來她就是前些日子大哥口中跟丈夫相處親密的股東。

「我給妳一筆錢，可不可以請妳離開妳先生？」

她剛離婚，鬱鬱寡歡，在工廠遇到了同情心氾濫的丈夫，被那溫柔的關懷給打動，因而不禁傾心。

這下我就算想騙自己也不可能了，人都來到我面前了，我還有什麼好替他解釋的？

「如果妳跟我講的是事實，我先生跟妳真的有關係，妳又那麼愛我先生的話，其實妳不用給我錢。婚姻本來就需要兩個人一同維持，我硬留他的人，心卻不在我身上也沒用，我也不要這種婚姻。我只有一個條件，我要帶走我的女兒，其餘的我什麼都不要。」

我一句一句慢慢地講，痛苦燃燒的心漸漸地平息，化為荒蕪的大地，心裡一片的死寂。

「妳回去吧，等我先生回來，我會跟他查證。如果他真的也想與妳在一起，妳就等著聽好消息吧。」

發出逐客令後，我看著她走出家門，眼淚終於掉了下來。

我記得那天晚上，丈夫回來得早，我坐在臥室的藤椅，端著一杯茶，卻沒有想喝的意思，任手中的熱茶溫度漸漸散去，像是我們的婚姻。

「你回來了？」

「對，今天好累啊。」

「你猜，我今天遇到了誰？」

看著丈夫伸展著身體，將手上的外套順手披在椅子上的模樣，我本想雲淡風輕地詢問，聲音卻止不住激動了起來。

丈夫一臉莫名其妙地轉過頭，我也不給他回話的機會，語速極快地將

明明是對方的錯，
為什麼我要獨自躲著流淚，用他的錯懲罰自己？

今天的經歷一口氣說完，丈夫的臉隨之變得鐵青。

「你說，給我一個答案，你要選她還是我！」

「她就是個瘋婆子，說什麼妳就信什麼！根本沒那回事，我不喜歡她！」

我們兩個爭執了起來，語調越提越高，丈夫看我去意堅決，慌了起來，跪著對我懺悔，請我不要離開他。

當下我有些心軟，但又有些忿忿不平，半夜躺在床上睡不著覺，越想越氣。

我不懂我做錯了什麼？是我學歷不如人嗎？還是工作能力不夠好？難道我不孝順公婆？抑或是我對他不夠好。

整個晚上，越想越委屈，終於在隔天早晨，看到婆婆時不由得流下了眼淚。

「媽，我們結婚也沒很久，他就變了心，要我怎麼信他？是不是未來還有接二連三的外遇等著我？長痛不如短痛啊，我想跟他離婚。」

婆婆神情看上去又氣又急，眼中卻隱含著對我的疼惜與歉意。

「幸融，這是我兒子的不對、是他站不住腳，妳跟我提離婚也是無可厚非的。但想請妳回想一下，當時妳是為什麼決定要嫁給我兒子的？妳想清楚之後，不管妳決定是要留下來還是離開，我都會支持妳。如果妳選擇離婚的話，我就只有一個請求：請妳帶著我一起離開。不然妳一個女人要帶著孩子，妳怎麼上班？」

婆婆關懷的語氣，讓我忍不住嚎啕大哭了起來。

她沒有急忙地維護自己的兒子，完全站在我的立場設想，甚至已替我想到未來獨自生活的難處，這份同理讓我的心也軟化了下來。儘管丈夫做錯，但他也低頭了，是不是我不該這般堅決地要走，反倒傷了這三年待我甚好的婆婆呢？

從嫁入門後婆婆對我的好一一閃過眼前，那溫柔的笑臉，勞動的身影，關懷的話語一一融化了我的痛楚。我一直想要對婆婆好，而今怎能讓她擔心，甚至為了我讓她離開自己的孩子呢？

我又回憶起了小時候的恐懼。

身為孩子，最怕的不啻是父母離異，從此夾在其中掙扎。況且我剛生了孩子，又怎能忍心讓她還沒長大就沒了爸爸？這些年來，我一直渴望一個快樂的家庭，努力不讓我的家庭破碎，如果我現在放棄了，不只放棄了我一直以來的努力，是不是給我的孩子也帶來一樣的恐懼與痛苦？

而對我極好的婆婆與我一樣，骨子裡是個傳統的女人，我們同樣認為保持一個家的完整，才能有幸福與快樂。缺少了誰，都將是缺憾。我又怎麼能讓年歲已高的她，經歷這樣的痛苦呢？而我也曾經對公婆說過，我會好好照顧他們，讓他們不用擔心未來的事。如果離婚了，是不是我也有悖了承諾，甚至讓他們不知該如何是好？

越是深想，我便越是無法為了自己的解脫而不管不顧地與丈夫離婚。

「媽，您放心，我不離開了。」

我哭著握住婆婆的手，她的手雖然粗糙，卻十分溫暖。

「謝謝妳，謝謝妳，我會再好好勸他，妳不要擔心。」

婆婆的承諾在耳邊迴盪，我以為未來大抵便會雨過天青，此後無憂，誰能想到，俗語說的：「有一就有二」並非空穴來風。丈夫是認錯，但仍不改其風流倜儻的性格，一個招惹過一個，就我知道的，前後便出軌了六次。

我從心如刀割，漸漸變得死寂。

然而我不再向婆婆抱怨，也不敢回娘家訴苦。我知道說了，也只是徒惹長輩擔心，我的婚姻必須自己負責，不能讓長輩跟著煩憂。我更知道，婆婆一直很擔心我與丈夫的感情生變，甚至怕我一走了之。

她最大的牽掛，便是希望我們的感情和睦。因此我告訴自己要堅強，但每每面對丈夫時，心臟就抽疼，像是火燒一般難受，我只能不斷地忍

與其帶著傷痛，日夜哭喊，
我選擇遠離痛苦的心，回歸快樂的自己。

耐。然而心頭煩悶的時候，連微笑也十分勉強，以前我下班回家，總帶著笑臉，漸漸的，我連話都變少了。

敏銳的婆婆發覺我心情不好，又問不出所以然，總體貼地讓我有獨處的時間。我不只一次聽到她對女兒說：「妳們乖一些啊，不要吵媽媽，她工作很辛苦，很累的。我們要讓她好好休息喔。」

婆婆總用她的方式體諒著我，看見她們小心翼翼的模樣，我更是責怪自己，怎麼情緒總是控制不好，還讓婆婆跟著擔心。

於是我養成了習慣，只要心情不好，就遠離當前這個讓我痛苦的環境，去外頭喝杯咖啡，看著街上的男男女女，抽離糾結的情緒，心似乎也漸漸平靜了下來。

我想，明明外遇一事，是丈夫的錯，為什麼在對方高興的時候，我要獨自躲著流淚，用對方的錯懲罰自己？

我不想泡在苦缸中，也不想讓身邊的人感受苦。

我不斷地鼓勵著自己一定要開心，要讓生命往快樂的方向前進。練習思考正面思路，讓我漸漸能控制情緒，或許在他人看來，我只是不斷忍受著痛苦，但我覺得，我不是一味忍受苦，而是努力帶給我所愛的人快樂。

除了婆婆的溫暖，以及希望孩子們能有一個完整的家外，我能漸漸放下的原因，也歸功於本身的個性。我一直是個很理智的人，從小就沒有很執著的感情，對男女之情也十分淡薄。因此才能很快地讓痛苦離開心中。

丈夫的外遇更讓我開始深思：「所謂的男女之情，真的有天長地久嗎？」也許是有的，然而如膠似漆的夫妻必定是少數，既然我遇到了，不如坦然受之。

我有選擇的權利，我可以因為丈夫的外遇痛苦；我也可以選擇將目光放在愛我的人身上；與其日夜哭喊，不如好好地教育孩子，侍奉長輩。

我選擇遠離痛苦的心，回歸快樂的自己。

放下了感情的罣礙，我將全副的心神放在孝順婆婆。

母親在結婚前曾一再叮嚀：「結婚後，妳不只是嫁給妳先生，而是嫁給整個家庭。所以要把他的父母與手足當成自己親生的父母與手足，沒有分別心，相處才不會有問題！」

我一向便是聽話的個性，母親怎麼叮嚀，我便怎麼做。加之婆婆待我極好，我更是充滿感激，時刻希望能夠投桃報李。

我不只是盡量順著婆婆，也會刻意觀察她的需求，比如她怕熱，開電風扇時我便會特別注意風扇的位置，盡量讓婆婆能夠吹到涼爽的微風。

隨著相處時間日長，我發現婆婆以前其實過得很孤獨。

婆婆與公公一向感情不睦，好賭的公公讓婆婆時常愁顏不展，加上晚輩們都很忙碌，婆婆只得一人待在家中，而本該相伴的公公也一天到晚出去賭博，看不到人影。子女下班回家後，也僅是吃飽飯就各自回房休息。

少了能談天的對象，長期下來，婆婆便感覺到格外的孤單，於是我會刻意陪伴婆婆，讓她感受到被支持、被重視。小姑們說過，直到我嫁進來，婆婆才真正放下心頭的重擔，並真正地感受到了何謂開心。

每次下班回到家，婆婆看著語笑喧闐的氣氛，孩子們遊玩的樣子，總是用欣慰的神情看著我們。我看著她的笑容，也覺得心頭暖洋洋的，十分開心。

本來，婆婆已經漸漸放鬆了下來，然而卻在一次跌倒後，整個人急速地萎靡。

那是一次的喜宴後，她不小心被圓板凳絆倒，身體的重量都壓在髖骨上，導致脆弱的骨頭硬生生地斷了，甚至還傷到了腎。由於家中長輩曾有人是因為跌倒，長期臥床而過世，婆婆因而十分沮喪，認為自己隨時便可

困難，或許令我們苦惱不已，但若少了這些難題，
又怎麼會歷練自己的心，讓自己變得更堅強？

能離開。

婆婆鬱鬱寡歡，顯然是不相信自己會好，我卻充滿信心。除了找好醫生，照顧婆婆平常起居之外，我更刻意關懷婆婆的心理，希望讓她能夠掙脫憂鬱的心情。

下班回家，只要她還沒睡，我一定會走進她房間坐在床邊陪她聊天，刻意找很多話題來引起她的共鳴；好幾個月晚上，我就這樣陪著她，東家長西家短，卻一點也不會沒有話題；偶爾我則會使出渾身解數，唱作俱佳地談論在工廠遇到的事情，常常逗得她開懷大笑。

或許是心情開朗了，她的病情也有了起色，漸漸恢復了健康。

婆婆一貫是樂天知命的人，除了生病以外，她唯一的苦惱，只有拮据的家境。

因為公公愛賭博，婆婆持家很辛苦，常常入不敷出，急得團團轉。加上我有兩個小姑，當時都還在讀書，一個小學，一個國中，每次要交學費

的時候，婆婆便抓頭撓腮，不知如何是好。

「媽，您別擔心，學費我來出。」

看著婆婆急得團團轉的模樣，我走了過去，穩住了她的肩膀。當時我的工作做得不錯，深受主管信賴，有一小筆的積蓄。

「這怎麼行……。」

「媽，別跟我客氣，我們本就是一家人，互相幫忙有什麼關係呢？」

我二話不說拿錢出來，婆婆十分感動，我卻覺得這本就是我該做的，而兩個小姑尚且年輕，看著就跟我的妹妹一般，心中自是充滿了憐惜。

而自從知道婆婆會為此煩惱，我便一肩擔起了小姑的學費，為了減輕婆婆的煩惱，也希望小姑可以安心地好好完成學業。

從我結婚以來，婆婆便一直與我相互扶持，有時我總想著，也許我不是嫁給丈夫，而是嫁給我婆婆。

有一位朋友曾這麼問我：「妳覺得出生到現在，過得很幸福嗎？」

我想了想，對著他點頭。

什麼樣的生活稱得上是快樂的？我認為，真正的快樂，是智慧的成長。面對生活中許多的難題，或許會痛苦，也會苦惱不已，但若沒有這些難關，又怎麼會增長自己的智慧？怎麼會歷練自己的心，讓自己變得更堅強呢？

我唯一的遺憾，只有婆婆走得突然。然而回顧與她相處的幾十年，我敬她、愛她，她也同樣成了我的力量來源，給我同等的支援與陪伴。

儘管一路上遭遇許多波折，但卻也讓我嚐盡了生命的百態。酸甜苦辣，我無一不嚐，如同吃了一桌的滿漢大餐，每一道都嚐過了，是多麼幸福的一件事啊。

# 此生，因你而彌足珍貴

過去已經逝去，未來難以預測，唯一能夠把握住的，只有和家人相處的每一個「現在」。

郭有智 文
廖雅雯

面對不喜歡也還學不會的事，
只要先從會的地方入手，就會慢慢走出迷霧。

打從我有印象起，我就在高雄公館長大。公館人不多，田多，有土田也有水田，土田種稻，水田養魚，一塊一塊方方正正。我和妹妹平常放學回家喜歡抄捷徑，直接就從別人家的田埂之間穿了過去，即便如此，從就讀的小學到我家也要走上半個多小時。

我家在公館也有塊地，但我父親不種田，他在台南仁德的糖廠上班，過了二仁溪就到了，其實不算太遠。我家一直住在公館，然而父親卻不是一直待在仁德糖廠，為了工作上有更好的發展，他越走越遠，最遠還跑到了旗山，母親等待父親晚餐的時間也就越發晚了。

家裡的地空著，被母親拿來養雞種菜添補家用，和父親合力供我們四個孩子上學。母親用心，雞養得好，附近人家都知道找母親買雞。或許是見得多買賣的情景，因此我也會幫著母親做生意，客人上門說要買雞，我回答客人說：「我爸媽不在，我家的雞也還沒吃飯，你晚點再來吧！」

那天稍晚，母親欣喜地摟了我在懷裡，「我們有智真聰明，客人稱讚你，還曉得餵雞吃飽了秤得重，能賣比較多錢，媽媽賣了雞，把錢存起來給你上大學。」

我那時還小，懵懵懂懂，不清楚母親為何笑得那樣開心，但母親高興，我也就跟著高興。母親燦爛的笑容和話語就此記在了我心裡，我心想，我要好好念書，上大學，讓母親繼續這樣笑下去。

我有兩個姐姐，一個妹妹，我是家裡唯一的男孩。大姐上了初中後，就到台南去念書了，再過一兩年，我和姐妹也會跟著去，鄉下地方沒什麼好學校，只要能念，都會越過溪往台南去念，公館這裡皆是如此，只是很少像我家一樣，不管男孩女孩，一律送台南上學。在傳統人家，通常女孩有得念就不錯了，別的不說，光每月搭公車通勤的費用就不是一筆小數目，我家還有四個孩子，加起來更是驚人，可父親母親卻從來不曾有過差別待遇。

母親並不識字，也不要求我們一定要考滿分，她全部的心力都放在照顧家庭、照顧家人上。我和妹妹閒來無事最喜歡圍繞旁觀母親做料理，在我們的眼裡，母親擁有一雙神奇無比的巧手，能用最少的錢做出最營養美味的食物；她會把阿姨送來的高麗菜、花椰菜曬成菜乾；也會自己在家門前的小菜園種上順應不同時令的青菜。

母親自有一套生活智慧，那個年代物資缺乏，可即使到了颱風天抑或是冬季寒害的時期，我家也不缺菜吃，這都是因為母親是一個很會過日子的人。

我小時候貪玩，雖然考試成績好，但也不喜歡寫作業、背課本，剛上小學時，要背九九乘法表，我實在不懂背這個有什麼用，但不背也不行。晚餐後，父親喊我們幾個孩子站成一排，隨機抽背考試，背不出來或是回答得慢一些，父親手上的藤條便要揮下，母親總會站出來阻擋，「有話不能好好說嗎？別老是打孩子。」

父親打不下去，氣得要我去罰站，母親雖然心疼，卻不會多說什麼，她知道父親管教我是為了我好，可我不能理解，臉上難免露出忿忿不平的表情，母親看了私下和我說：「我也不會背什麼九九乘法，你會背，就比媽媽還厲害，以後就能做更多事。」

「媽媽已經很厲害了。」我眼中的媽媽無所不能。

母親笑著搖頭，「媽媽很多事都不會，我只是做好我會做的事，所以，你也要好好讀書，知道嗎？」

母親不會說大道理，而是以身作則教導我，要盡本分做好每一件事，我可以不喜歡讀書，也不一定要名列前茅，但我作為學生，就該要認真念書，未來才會有更多的選擇。

比起父親的棍棒教育，母親的言傳身教更能令我信服。只要看著她期待的眼神，便會覺得，我怎麼能讓她失望呢？

早出晚歸時，若有人日復一日地備好飯菜，等待我們回家，
便是尋常生活裡不可多得的幸福。

「有智，醒醒，起床上學了。」

我感到一陣輕柔地晃動，迷濛地睜開眼睛，熹微的天光照進室內，還不很明朗，我迷糊地坐起身，聽見母親說：「快起來刷牙洗臉吃早餐。」

我走出房間，餐桌上已擺放熱騰騰的稀飯和幾樣小菜，母親正忙著將便當裝袋，再一一放到我們身邊。便當都是母親一大早現做的，天還未亮她就起身，洗菜做飯的同時，也算準時間備好早餐，再去喊我們起床，等我們用完飯後，就送我們去搭車。

「媽媽，不用送了，我們走了。」

上了初中後，我的個子不斷往上竄，轉眼就比母親高了，接過母親手中的便當袋，我和姐妹們搭上前往台南的客運，回頭看，嬌小的母親還在

站牌下朝著我們揮手，直到客運啟程，母親的身影再也看不見了。

這樣的生活已有好些年，先是大姐、二姐，再是我和小妹，我因為成績好，有些念書的天賦，國小五年級就提前轉到台南市的國小就讀，畢業後也順利進了台南知名的升學名校，每年有許多畢業生考上台南一中。我每天花費好幾個小時來回台南高雄兩地通勤，就是希望能夠順著學長的腳步，進入一中。然而不論我每天多麼早起，母親只有比我起得更早，並為我打理好一切。

一家六口，有五人因就學就業在外奔波，家裡大多時候只剩下了母親一人，日復一日地備好飯菜，等待我們回家。

每當我早出晚歸覺得累了，就想喝一碗母親煮的空心菜湯，不放多餘的調味料，幾滴油、些許鹽，空心菜是母親菜園裡種的，簡簡單單一碗清湯，便感覺無比溫暖。

我們家的小孩都喜歡母親，和父親的相處就沒那麼多，也是因為父親忙於工作，又總板著一張臉，對我們的管教十分嚴厲，考不好會挨罵，做錯了事會被打，稍有頂嘴，父親便生氣喝道：「晚上不准吃飯，好好反省！」

但說也奇怪，平日父親吃完飯後，最喜歡坐在客廳的椅子上看新聞報導，那天父親幾口就將飯都扒進嘴裡，放下碗筷對母親說了一句：「我出去走走。」錢包也不拿，也不多穿件衣服，就這麼走出門了。

父親一關上門，母親便喊我們：「你們爸爸出去了，還不快點來吃飯。」

我和姐妹們嘻嘻笑坐在餐桌前，大口吃著母親偷偷為我們留下的飯菜，還不忘留神關注大門的動靜，深怕被父親逮個正著。

母親夾了一筷子青菜到我碗裡，溫柔叮囑：「慢點吃，小心噎著。」

在我身邊的妹妹轉過頭來對我說：「哥，幸好爸爸有事出去，我們才有飯吃。」

「嗯，對啊，不過爸爸這麼晚了還出門做什麼？」我問母親。

母親也不回答我們，只是說：「爸爸都是為了你們好，你們乖一點，別老是惹他生氣。」

「知道了。」

父親回來的時候，我們已改換在餐桌上寫作業了，油膩的空碗盤收拾乾淨，只餘空氣中一絲殘存的食物香氣。

父親瞥了我們一眼，逕自在客廳落座，打開電視，但這時已經過了晚間新聞時段，轉來轉去都是熱鬧的八點檔戲劇，我們的視線情不自禁地往客廳飄，父親很快注意到這點，關掉了電視，仍坐著不動，沒多久，就傳來了父親打鼾的聲音。

記得對方的好，把獲得的感動再回饋給他人，
一顆善心就會變得無限大。

我上初中後，一心只想考上台南一中，對於大學，甚至是未來要做什麼，一點想法都沒有。

但身邊的同學哪個不是這樣？那時候能讀高中、大學都是極少的，只要拿了個漂亮的學歷，不愁找不到好工作，讀書能改變人生，在當時，是人人信奉的至理名言。

直到那件意外的發生。

事情的前因後果我已經記不太清了，當我反應過來，右大腿一陣劇痛，血液汩汩流出，耳邊是妹妹的尖叫聲，我看見母親拿了根棍子，趕走了瘋狂的狗，隨後蒼白著臉撲了過來，一舉將我背起來，二話不說就跑。

血流得太多，我頭昏眼花，無力地趴伏在母親的背上，但我仍然知

道，母親背著比她高壯的我該有多麼吃力，我吃力說道：「媽媽……放我下來吧……我……我可、可以自己走……。」

「有智，別說話。」母親氣喘吁吁，滿頭滿臉的汗水，她的腳步一刻都沒有慢下來，「媽媽帶你去看醫師，你會沒事的。」

我已經說不出話來，等到我再次恢復意識，看見的是刺眼的白熾燈光，感覺渾身燒了起來，頭腦渾渾噩噩，不很清醒，但母親的哭喊清晰地傳進我的耳裡：「醫師，求求你救救他、救救我兒子……。」

醫師的聲音忽遠忽近，「不行，這傷太嚴重，我們這小診所處理不了，太太，妳趕緊轉送大醫院。」

我感到醫師壓著我的右大腿，痛得我不禁呻吟出聲，卻沒有半絲力氣反抗。

「我叫了計程車，現在在外面等，快，我們送有智到台南的醫院去。」父親喘著粗氣衝了進來，和醫師一左一右架起我，小心翼翼地扛著我坐上了計程車。

母親跟在後頭，「慢點、慢點，注意腿，別碰著了。」

我的大腿經過初步的處置包紮，雖然仍往外滲血，至少血已大致止住，父親和母親將我圍在後座中間，謹慎地固定我的傷處。

父親焦急地說：「司機大哥，對不起弄髒了您的車，我們會賠償，不好意思請您開快點。」

「別擔心那點小事，孩子平安最重要。」司機大哥安慰道。

「謝謝、謝謝，麻煩您了。」父親喃喃地說。

母親則緊握著我的手，口中不停念佛號。

接下來我便陷入高熱，意識不清，隱隱約約聽見幾段對話。

「……患者狀況不樂觀，今晚是危險期……。」

「……求求大慈大悲諸佛菩薩，救救我的孩子，信女願折壽交換……。」

「……上天保佑我的孩子能好起來，如果他能活下來，他會救更多的人，回報這份恩德……。」

「大慈大悲觀世音菩薩……大慈大悲諸佛菩薩……信女願折壽……信女願折壽……。」

睡睡醒醒中，淚水不禁從眼角滑落。

那是一股堅強的力量，用力將我從鬼門關前拉了回來。

我奇蹟般地醒了過來，燒退了，身上的紅疹也逐漸淡去，看到母親在我病床邊守了一整夜的憔悴面孔，那一瞬間，我好痛恨自己的大意，讓母親為我這樣擔心。

母親不斷地撫摸著我的頭髮臉頰，「沒事就好、沒事就好。」

事後，我才知道自己當時的情況有多麼危急，被狗咬傷的傷口過深，失血過多，我不但高燒不止，還全身誘發嚇人的紅疹。除此外，原本家養溫馴的狗突然暴起傷人，醫師一度懷疑感染狂犬病的可能，為我的傷情擔母親不斷提醒著我：
「無論身在什麼位置，都要知足且努力地完成自己分內的每一個責任。」

憂不已的父母更因此添上一絲陰霾。

即便看到我好轉了，父母茫然無助、束手無策的害怕依然表露無遺。

母親始終守候在我身邊，對每一位照顧我的醫師護士鞠躬道謝，我心裡不捨，「媽媽，對不起……。」

「傻孩子，沒什麼需要道歉的。」母親說：「只要你能健健康康、平平安安，媽媽就滿足了，你要趕快好起來，要記得醫師的恩情，和上天的庇佑，以後也要做個對社會有貢獻的人。」

「好，我會。」我哽咽應道。

我還知道母親沒說完的話，不只要做對社會有貢獻的人，她希望我做個醫師，救更多的性命，這是母親發下的願。

另外一方面，母親許諾減壽交換我的健康這件事，也令我感到害怕，我在心裡暗暗發誓，我一定要考上醫學院，做個救死扶傷的醫師，以後也才有能力照顧母親，絕不讓母親減壽的許願有成真的一天。

這個意外在我的大腿留下了猙獰的傷疤，也留下了堅定的意志。康復後我開始發憤念書，過去還有些貪玩的心態，如今全改了，但進入醫學院並不容易，我的成績還是差了一些，最後考上了同樣歸屬醫學院體系的台大復健系。

對我沒有考上醫學系，母親半點也不失望，她對我說：「不要在乎別人的眼光，盡自己的本分，只要是對社會有意義的事，就好好地去做。」這是母親一貫的信念，知足且努力，無論身在什麼階段，得到什麼結果，都要認分地接受，認真做好隸屬自己身分的每一件事，是學生就好好讀書，工作了就認真付出，成為一個有貢獻的人，做有意義的事。

每一個科系、每一個職位，都有它的需求和價值，不是只有醫師才是最好，母親的想法影響了我，我欣然進入復健系就讀。

然而經過大學四年的學習，我發現復健治療更多是被動輔助，而我的個性更傾向主動迎接挑戰，四年的學習也令我對醫學更加了解，我確定自己想做個醫師，於是服完兵役後，又考上了高雄醫學院的學士後醫學系。

醫學院課業比預期中的繁忙，假日回家看望父母，和他們說說話，聊聊近況，成了我紓解課業壓力的一種方式。我的個性比較「宅」，外出旅遊對我反倒是一種負擔，或許是我的父母也不常出門旅行，節儉的他們，把錢都花在了栽培我們四個小孩上。而逢年過節，父母也會用心安排家庭活動，像是才藝表演、益智遊戲等等，我們會使出渾身解數逗樂平常不苟言談的父親，母親則會在旁笑彎了眉眼，連連鼓掌應和，常覺得只要全家在一起，就是無上的快樂。

因此，我從不認為旅遊有什麼好玩的，我非常享受和家人共處的每一分時光。

母親很支持我再次進修，我看得出來她很高興，但她不是為了我能成為一名高收入的醫師而高興，她認為醫師背負了更多的社會責任，能夠幫助更多的人。她時常語重心長地跟我說：「你一定要好好學習，將來救治更多苦難的病人。」

我不清楚母親是否又想起了當年差點失去我的痛苦，可我不會忘記，我想要做一名醫師的初衷，和母親對我的盼望是一樣的。

我本就對急診感興趣，實習時更因為學長的一句話「內科就像是醫師中的醫師」，使我決定畢業後投入急診內科的行列。

其實那是很莫名的一句話，學長甚至根本不走內科，他是復健科的主治醫師，當時我和學長在巡邏病房，遇到內科醫師正對病人進行急救，學長突然有感而發。

我以為學長當下是在開玩笑，可是後來仔細想想，卻是深有同感。

如果說外科重視技術，內科便需要深厚的醫學儲備知識，內科涵蓋腎

全家人只要在一起，
就是無上的快樂。

臟、心臟、胸腔、腸胃肝膽、新陳代謝、免疫風濕、血液腫瘤等等，讀內科的人要先學得廣，再學得精，才能真正照顧到病人平日病症，或許這就是學長說的「內科是醫師中的醫師」的意思吧！

急診的工作忙碌且充實，時刻都在與死神搶命，我格外喜歡將病人從鬼門關中救回來的感覺，那讓我覺得這不僅僅是一份工作，而是關係著人們的寶貴生命。

但難免會發生無法挽救的案例，有的病患前一刻還與你談笑風生，下一秒就突發心肌梗塞，霎時間就沒了呼吸心跳。在急診看多了人生無常，真真切切體會到人的生命是多麼脆弱，即便醫師的職責就是逆天而行，也總會有爭不過天的時候，我們也只有盡力而為。

因此我越發珍惜和家人相處的每一個「現在」，過去的已經逝去，未來不知如何變化，現在是唯一能夠把握住的，和家人共創的每一分記憶都彌足珍貴。

姐妹們陸續找到了好工作、好歸宿，童年常黏在我身後做我的小尾巴的妹妹，也有了一個小寶貝，父親母親得享含飴弄孫的天倫之樂。而我也認識了一個女孩，兩人性情相投，便開始交往。

可在這個時候，母親卻生病了。

檢查出來是慢性腎衰竭。

妹夫是內科醫師，當時人在台北榮總受訓，為了讓母親得到更好的治療，妹妹二話不說放下工作和年方兩歲的孩子，帶著母親北上。我憂心如焚，但還在念書的我根本無能為力，只能和二姐分擔照顧著年幼的小外甥，讓妹妹無後顧之憂地陪伴在母親身邊。

母親比我們想像得還要堅強，慢性腎衰竭的患者雖然沒有立即的生命危險，卻要過著一輩子的洗腎生活，接踵而來的併發症和副作用，猶如漫長的折磨，母親卻平靜接受了這樣的苦，她沒有怨天尤人，甚至在台灣剛引進腹膜透析時，就申請通過了計畫的補助。

其實母親並不符合腹膜透析的申請資格，她沒念過書，也沒受過醫療訓練，卻憑著一己之力，學會了操作腹膜透析，透析技術員還稱讚母親是參與計畫的病患中做得最標準的。

對自己的病，母親也只是說：「可能是佛菩薩聽到了我的心願，把所有的煩惱、病痛都由我來承擔，讓我的丈夫和孩子無病無憂，所以我沒什麼好抱怨的，只要你們都能健康快樂，那就夠了。」

沒有一位子女聽到母親這樣說，會不難過的。但身為醫師，我非常清楚老病是生命必然的現象，無論貧富貴賤，每個人都得學著面對生老病死的課題。儘管我理解身體的衰老無可避免，但母親才五十多歲，就要受這等苦楚，實在讓我非常心疼。

我盡量找時間陪伴母親，與她一起面對病痛，希望令她不感到害怕。回家時帶著母親喜歡吃的食物，和母親聊一些生活中快樂的事，儘管只是如此，母親卻總是很開心，笑得十分燦爛。

即使如此還是覺得不夠，總覺得若能再多陪母親一點就好了。

母親病況穩定的那幾年，我自高醫醫學院畢業，進入高雄榮總急診部工作。

在這兩年，我和女友踏入了結婚禮堂，母親看到我成家非常欣慰，直說沒有遺憾了，我寬慰母親：「媽媽要好好照顧身體，將來還要麻煩您幫我看孩子呢。」

母親連連說好。

太太在婚前已知母親的病況，她並未畏懼可能需要侍奉生病的婆婆，依然嫁給了我，我雖沒有和太太當面討論家裡的情況，仍暗自在心底決定，不讓我應該孝順父母的行為，變成太太的壓力。

過去已經逝去，未來難以預測，唯一能夠把握住的，
只有和家人相處的每一個「現在」。

傳統上習慣將為人子女的責任推到媳婦的身上，卻容易因此造成家庭失和，我看多了身邊的例子，很早就打定主意，要摒棄這不合理的觀念。太太有她自己的工作、自己的家庭、自己的父母，我會尊重她，但不會逼迫她。

其實，做我的妻子也很不容易，我大部分時間不在家，急診生活忙碌，沒時間吃飯睡覺成了家常便飯，剛擔任住院醫師時，還要與兩名同仁輪流值晚班，每個月平均每人要值班十至十一天，高強度的工作很多人受不了，能少值班一天是一天，但我不願多計較，若沒人值班我就接了下來，多學習並與同事結善緣。太太從不說什麼，而是做我堅強的後盾，我每天回到家，家裡永遠是窗明几淨，需要時總有一碗熱呼呼的湯可以喝。

我也很感謝我的同事，在我臨時請假照顧母親時，同事也樂於與我換班，他們都知道母親的病況，並且在適當時候對我伸出援手。

因而我從不覺得繁忙的醫師生活會使我無法親自照料家人，我始終認

為，工作和陪伴家人是不衝突的。在我心裡，家人永遠是最重要的，而後才是其他。如果我沒能照顧好自己的家人，那我又怎麼有餘力去照顧別的病人呢？

出於這樣的想法，我推掉了去國外進修的機會，毫不遲疑。

「你為什麼不去？難得的公費赴美，錯過這一次，有沒有下次都難說！」有人為我可惜。

「我已經有足夠的學經歷去做一名醫師了。」我回答，「但我怕我沒有足夠的時間去做爸媽的兒子，我更希望留在他們的身邊，當他們需要我時，我能第一時間趕到。」

就算只是一兩年，我也不願離開，再多的名位財富都遠比不上與家人相處的時光，小時候父母給了我無憂的童年，現在換我陪他們走過年邁的歲月。加上，我也擔憂著如果母親有什麼突發病症，或身體不舒服時，找不到我。畢竟陪伴家人永遠是我人生中的第一選擇，其餘的一切，都不及他們。

長年洗腎，還是影響了母親的健康，母親的身體大不如前，逐漸出現了些症狀，像是食慾不振、皮膚搔癢、全身痠痛等等，更有好幾次因為併發症入院治療。此時，我就會很慶幸當年選擇了醫師這個職業，讓我可以為母親做最好的安排，特別是母親的病情，需要彙整不同專科的醫師，在種種的治療方案間取得一個絕佳的平衡點，如果我沒有一定的醫學知識，我難以想像母親會多受多少苦。

關於母親的事情，我幾乎都是親力親為，因為專業不同，我尊重母親的主治醫師，但也會提出我的想法與之討論，沒有人比我更了解母親的身體狀況了，我想同樣是醫事從業人員，由我來和母親的主治醫師溝通，將更有效率。

沒想到有一次，卻被狠狠地駁回。

「郭醫師，令堂的病情我很清楚，我認為她不需要接受多餘的檢查，你不是腎臟科的專科醫師，請你不要在一旁指手劃腳好嗎？」該位醫師話說得很不客氣，說完，便留下病床上昏睡的母親揚長而去。

我呆站在原地，看著母親睡著後仍因為不舒服而緊皺的眉眼，先是為了沒有吵醒母親而鬆了一口氣，而後是緊接著湧上心頭深深的無力感——未來，這樣的情況會不會越來越多？即便我作為一個醫師，我還是只能對母親的病袖手旁觀？

「哥……。」

妹妹不知何時走到我身邊，我對她笑了笑，在心裡下定了決心。

乍聽到我的決定，很多人都不敢相信，問我怎麼兼顧得來？在急診室的主治醫師工作之外，再重新修習腎臟科專業，同時還要照顧家庭、陪伴

每位照顧者都有不同的照護難處，
不應該讓我們個人的期待，成為別人的壓力。

父母。

我想說這一點並不難，端看有沒有那份心而已，有人會認為，每個人一天只有二十四小時，時間是有限的，能做的事也有限；但換個角度想，每個人一天「都有」二十四小時，扣除掉吃飯、睡覺，只要事先做好規劃，不論是工作還是念書，皆講求效率，不浪費一分一秒，自然能夠擠壓出多餘的時間。而習慣了集中精神做每件事，慢慢地就能夠從容自在地掌控時間。

然而免不了還是會有壓力，雖然我已是主治醫師，重新接受腎臟科的訓練，也必須跟著住院醫師們一起值班，守在醫療的第一線。急診的工作已經夠辛苦了，再重溫一次住院醫師的生活，等於雙倍的重擔壓在身上，完完全全是犧牲睡眠和體力熬過來的。

既然是自己的選擇，所有的壓力和疲憊就要自己承受，若是向身邊親近的人傾訴，也不過是增加他們的負擔，徒增擔憂罷了，因此，我總是笑笑地說：「沒什麼，我應付得來。」

太太不說破，默默地為我照顧家庭，家務事和孩子的生活皆井井有條。我每次看望父親母親後，便會列一張紙條，託太太幫忙採買，太太也從不推託，在我無暇照應時，為我打理了一切。

母親在腹膜透析無效後，便須定期到醫院做血液透析，都是父親下班後開車載著母親，從公館到榮總，加上透析的時間，一趟療程下來，五六個小時跑不掉，對負責接送的父親和生病的母親都過於勞累了。

當時我已買房，醫院分配給我的宿舍空著，於是我和父母親商量，將他們接過來宿舍居住，每天我下班，就會先繞到宿舍看看父母。

「媽媽，我回來了！」一進門，我就會表現得活力充沛，大聲地呼喊母親。

母親見到我是很高興的，一疊聲地問：「上班累不累？怎麼現在才下班？吃過飯了嗎……？」母親總要從頭到尾關心一遍才甘願。

「我吃過了，媽媽您別忙了。」我趕緊阻止想要下廚的母親，「您今天好不好？做了什麼？」

挽著母親在沙發上坐下，聽她說起一天當中的每一件小事，都覺得特別放鬆、安心。聊到後來，我會故意抱著母親，磨蹭著她的臉頰，還會大大地親她一下，母親會不好意思，「唉呀，別親了，你鬍子沒刮都刺到我了。」

我不管，繼續和母親笑鬧，母親嘴裡嫌棄，卻笑容滿面，「唉呀，都多大的人了，還撒嬌。」

「因為我最喜歡媽媽、最愛媽媽了。」我緊緊地抱著母親。

這是我的真心話，母親是我在這世上最愛的人，我一點也不羞於讓人看到這麼大把年紀了，還和母親摟摟抱抱，對她撒嬌，長得再大，獲得再多成就，我也永遠是母親的孩子。看多了生死，我更明白，能夠每天向母親表達愛意，是多麼幸福的事，而母親的快樂，是我力量的來源。

有時值晚班，離開醫院已經是凌晨一兩點，父母早已入睡，我也還是要繞過去看一眼才安心。

不管我有來沒來，母親都會為我在家裡留一盞小燈。

我輕手輕腳地走進母親的房間，坐在母親的床邊。

我拉了下床頭櫃上的檯燈，微弱而溫暖的黃光清晰地映照出母親的面容，像是照顧我年幼的孩子般，我看看母親，為她掖好棉被，輕觸母親的頭臉，一方面是出自於醫師的習慣，檢查母親的體溫，更多是單純想碰碰她，知道她還在，就好。

實在是忙到無法在母親清醒時回去探望，工作之餘，我會抽空打電話，五分鐘十分鐘也好，和母親說說話。

母親從不強求，只是說：「你不要太勉強，下班就回家休息，別又過來看我們。」

「好，我知道。」

老病是生命必然的現象，
無論貧富貴賤，每個人都得學著面對這個課題。

母親太過了解我，「不要只說好，要做到。」「我會、我會。」我嘴上這麼說，可該怎麼做還是怎麼做，再晚再累，都要親自看上一眼。

我也非常了解母親，她愛我們，因為這份愛，她平常就對我們感到愧疚，認為她的病拖累了我們，有什麼不舒服都寧願自己忍受下來，如果不是撐不下去，她不會輕易對我們開口，就怕看到我們為她忙上忙下。

可就是如此，有次母親身體不適，因為沒有發燒，便覺得沒什麼，還是我從母親虛弱的聲音聽出端倪，從臨床的經驗判斷有問題，立即帶著母親到醫院掛急診，經過抽血檢查果然是感染，抗生素治療都還不夠，考量到母親的年紀和病況，最後住院好幾天才痊癒。

我順利取得腎臟專科醫師的資格，但再怎麼小心謹慎地照顧母親，她的健康還是每況愈下，隨著年紀越大，母親有大半的時間是在醫院度過的，各種感染和併發症折磨得母親日漸消瘦。而這時，醫療行為已無法完全緩解母親的痛苦，母親躺在病床上，有氣無力地對我說：「活著真的太辛苦了，下次可不可以不要再救我？」

「……媽媽！」我說不出話來，要我怎麼放棄？但我又怎麼能夠看著母親痛苦而無動於衷？

「沒關係的，你盡力了。」母親輕輕拍了拍我的手。

「媽媽，沒事的，過了這陣子就好了。」我堅定地安慰母親，無論是作為醫師還是作為人子的身分，母親的病還不到最壞的情況，我不會放棄任何一絲希望。

母親住院期間，一有空閒，我便會陪伴在母親身邊，親自餵她吃飯，為她擦手洗臉，和她說話轉移她的注意力。

姐妹們也來了，妹妹在母親渾身煎熬不得安寧之時，虔誠地誦念經文，聽著妹妹的聲音，母親長吐了一口氣，說：「我覺得舒服多了。」

我和妹妹聽了訝異，關心地問：「怎樣覺得舒服？」

「我也不清楚，就是有一種涼涼的感覺，好像心都平靜了下來。」母親回答。

「一定是佛菩薩在護佑您。」

母親沒學習過佛法，不懂護佑的意義，卻能從誦經中得到安慰，我們便時常為母親誦經，就像當年母親為了我們向佛菩薩發願，只希望母親能夠得到一點舒適。

我是醫師，但終究不是神，縱然大家都說，我已經給予了母親最好的照顧，母親接受透析治療二十多年，遠遠超過了洗腎病人的存活年限，我卻還是覺得自己做得不夠多、不夠好。

特別是母親後來越發頻繁進出醫院，我看得出來，母親已不堪久病的負荷，幾次發作送醫急救，母親都表達出了厭世的情緒。

我開始在思考：一再將母親從鬼門關前拉回來，真的是對的嗎？但我真的準備好簽下放棄急救的單子了嗎？

母親持續住在加護病房，有一晚突然沒了心跳，我接獲通知趕到病床前，看著監視器裡的心電圖，心便涼了一半，母親發生心室纖維顫動，就算恢復呼吸心跳，但腦部缺氧過久，可能往後的日子都得在病床度過。我

工作和陪伴家人是不衝突的，
把家人照顧好了，才能定下心投入工作。

雙手發顫，卻只能和父親、姐妹站在一旁，看著母親接受值班醫師的電擊搶救。

大姐和妹妹口中喃喃念著佛號，我腦中現起母親說過的話，「可不可以不要再讓我繼續痛苦地活著？」

「準備電擊！Clear！」

碰！母親的身體往上彈了一下。

心電圖沒有什麼起伏。

「Clear！」

又是碰的一聲，母親的身體又往上彈了一下，然而心電圖上的波形依舊沒有恢復。

我慌亂地看向姐妹，「怎麼辦？」

怎麼辦？為什麼母親還沒有恢復心跳？

我應該要繼續搶救母親，讓母親面臨未來插管和長期臥床的痛苦，還是放手讓母親好好地走？

我真的無法做出選擇……誰來告訴我怎麼辦！

母親走了。

幾次加護病房裡的搶救，也挽回不了她的生命，我只祈求，母親是沒有痛苦地離開，回到菩薩的身邊。

這是我生命中最痛的一次告別。

我不斷地想，我是一個好兒子嗎？我給她的愛和關心夠嗎？我是否陪伴母親足夠多的時間？我……有沒有讓母親感到驕傲和滿足？

身為一個醫師，我無法讓母親度過一個無病無痛的晚年，也沒能帶她四處遊玩，品嚐她年輕時捨不得花錢吃的美食，我有太多沒做到的事了，想來都是遺憾。

然而，母親卻也留給我許多的回憶。我還記得陪母親一起在公園散步時，她用開朗的口吻談論著過去的模樣，也記得她始終牽掛著我，用溫暖的心意照顧我的歲月。她給我無盡的愛，讓我擁有力量，帶給他人溫暖。而她多年前的誓願，更時時提醒著我要永遠做個傾力為病人著想的醫師。

全家人都到齊了，送母親最後一程，所有人不發一語，靜靜捧著母親的骨灰罈走向她人生的終點。

父親走在最前面，看到母親骨灰罈的那一刻，他終於忍受不住地哭出聲，背對著我們，手不停地抹淚，從指縫中流洩出來的嗚噎聲還是透露了他內心的悲痛。

我突然發現母親走了，父親就像活生生挖去了一半的自己，他倔強地獨自站在眾人的前方，因為能和他並肩而行的那個人已經不在了。

是啊，最不能承受失去母親的就是父親了，母親生病的這二十多年來，是父親一直陪在她的身旁，每次母親到醫院洗腎，或住院治療，父親始終都在。母親能超越洗腎病人的存活年限，父親功不可沒。

我走到父親旁邊，默默給予父親支持，我沒有出言安慰父親，這時候，我們都需要發洩，為了我們愛的那個人的離去。

「爸爸，我們先走走吧。」

我和父親來到住處大樓的頂樓，沿著空中花園繞圈，大樓公設修得好，頂樓設計像個小公園一樣，中間的花圃種滿了花木，四周則鋪了磁磚，雖然不大，走起來卻非常寧靜舒適。

母親過世後，我在離家約莫五至十分鐘車程的地方，給父親買了一間房子，我離開高雄榮總到診所上班後，生活作息趨於正常，父親住得離我

再多的名位財富都遠比不上與家人相處的時光，
小時候父母給了我無憂的童年，現在換我陪他們走過年邁的歲月。

近一些，便於往來聯繫。每天父親會坐公車到我家來吃飯，晚餐後我再載著父親回到住處，我們直接搭電梯到頂樓一起運動，不必外出，不受天候影響，離家又近，對督促父親運動很有幫助。

我們會走上三四十圈，算下來也快一個小時，繞圈的過程中我們彼此都不說話，只是專心走路，到了伸展緩和的階段，我會一邊做操，一邊出題考父親。

「爸爸，我問您，九乘五再乘六是多少？」

「兩百七。」

「下一題我會出比較難一點喔，十八乘十六等於？」小時候是父親抽背我九九乘法，長大後卻換成我教父親十九乘十九乘法。

父親停頓了幾秒才說出答案：「二百八十八。」

「答對了，爸爸您真厲害。」

父親驕傲地揚起笑容。

有時我們會換抽背孟子，「天將降大任於斯人也——」

父親接下去，「必先苦其心志，勞其筋骨，餓其體膚，空乏其身，行拂亂其所為……。」

我和父親一塊背誦，讓讀經考試彷彿成了我們之間的小遊戲，記得越多，父親的成就感也越強烈，吃完飯後，還會主動邀我上樓運動。

「深呼吸——吐氣——」

氣功也成了我們主要的運動項目。

最先是妹妹在練氣功，感覺到好處，便推薦了父親學習，我隨後加入。氣功其實蘊含醫學的概念，氣血在體內行走的時間，符合一天十二時辰，因此氣功練氣養氣都有一定的時段，在早晨五點至七點的時候練功，能令人吸收初升太陽的朝氣，一整天都會精神飽滿。

父親運動後出了一身薄汗，下樓即可洗澡換衣，不怕受寒。長久下來，父親養成了規律運動的習慣，我去診所上班後，他自己會找事情做，等著我下班回來和我分享一天大小事。

看到這樣的父親，真的很好。

我一度害怕母親不在後，父親會意志消沉，進而影響他的身心健康。母親喪禮上父親的眼淚，太令我們印象深刻了，那一瞬間，我們察覺到父親內心的孤單，自母親眼睛闔上時，便無限蔓延。

我觀察父親情緒較為穩定後，就和姐妹們商量，帶父親去上長青成長課，不只是長青成長課，我們還會為他安排各式各樣的活動，像是義工體驗、心靈講座，或是單純出遊散心，一週七天，幾乎沒什麼空檔。

大姐回美國去了，我和二姐、妹妹輪流陪伴父親，父親一開始不願意，坐在家裡懶得動，「幹嘛去上課，我又聽不懂。」

「老師會講解，不會的舉手問，就聽得懂了，我也跟您一起上、一起討論，也能說給您聽啊。」我耐心地勸說父親。

「我還是認為不必要……。」父親碎碎念。

「好啦，爸爸，我們走吧！」

我一再堅持，甚至有些半強迫，才慢慢培養了父親的習慣，到後來，父親持續參與長青班的課程，生活有了重心，比較不會感到孤單，也不容易胡思亂想。

上了課，父親有天突然有感而發：「我覺得我沒有那麼害怕死亡了。」

「怎麼說？」我鼓勵地問道。

「佛法裡有說，死亡就是再換一個身體，回到這個世界，生命是無限的，不是死了就沒有了。」父親以他自己的話努力述說，「哪一天我走了，我還是存在於這世界。」

陪伴父親學習的過程，同時是我們彼此療傷的一種方式，我們永遠忘不了母親，也不需要忘記，但我們需要提醒彼此，珍惜還活著的人。

我父親是一個不擅表達的人，他在我們幾個孩子面前，從來都是板著

為目標擬定出具體作法，讓時間和體力有更妥善地分配，
就能從容地朝理想邁進。

臉，很威嚴，不似和母親相處一般，可以任意撒嬌。這不代表他不愛我們，他就是嘴硬心軟，愛扮黑臉，無形之中就拉開了和孩子的距離。

現在我和父親什麼都聊，聊時事、聊政治、聊新聞，無話不說。每次起了個話頭，我就會問：「這件事爸爸您怎麼看？」「我覺得……。」父親侃侃而談他的觀點，我不會打斷他，遇到相同想法我會附和，若父親的想法太過主觀，我也會從不同的面向客觀地分析給父親聽。

或許是我說話條理分明，又有邏輯，父親比較聽得進去，能夠接受我的意見，更能與我進一步討論。

但一開始不是這樣的，我的姐妹就不如我和父親說話隨意，看到父親做錯了事，我能出言指正，可姐妹就不敢這麼做了。

不管學歷多高、社會成就多大，子女在父親的眼裡永遠是小孩，父親認為孩子做人處事的閱歷不足，我們和他說話，他就難聽得進去。而且父

親的個性比較一條筋，認準了一件事就非要一條路走到黑，不管有沒有道理，不如母親較為圓融，做事也有理有據，自是容易令人心服。

為了改變這樣的父親，我採取和朋友相處的方式，來與父親互動，遇事慢慢說，好言好語地說，並且把自己放在和父親相同的情境去同理，不至於讓父親感到反感，又能讓他正視我的話。

可遇到了原則性和安全上的問題，我會故意將話說的嚴重一些，希望讓父親多點警惕，譬如父親都八十多歲了，回老家還堅持自己開車，我得知後當即嚴肅地告訴父親：「要回老家就搭公車，從高雄市搭公車回去也方便，您都這麼大歲數了，怎麼能開車呢？」

父親不服氣，「怎麼就不能開了！我身體好得很！」

氣消了，父親仔細想想知道我說的是對的，也就改了，不再堅持己見。這麼循環往復個幾次，加上我平時聊天時喜歡和他說道理，潛移默化下，父親也就習慣了和我的溝通模式。

只是老小孩老小孩，父親現在的脾氣就像個孩子，前陣子不小心閃到腰，痛得下不了床，檢查後發現椎間盤突出，我先開了止痛藥給父親吃，臥床一兩週後，我便開始催促父親下床運動。

「不要！我腰很痛，我動不了。」父親想都不想就拒絕。

「爸，您至少要下來走幾步路，不能都躺著不動。」我勸說：「幾步就好，走給我看看您恢復得如何了？」

「就跟你說我很痛，你幹嘛一直要我走路！」父親氣呼呼地說。

我強迫地攙扶父親下床，「爸，沒那麼嚴重，我們下床動一動就好了。」

在我每天不間斷地盯梢下，父親配合著做復健，總算恢復了自如的行動，然而僅是一兩週的臥床，父親大腿肌肉有點萎縮無力，雖然明白老人家肌肉流失快速，還是不免心驚。

我多希望父親老去的時間可以再慢一點。

每當醫師公會舉辦出遊活動，國外的行程我就會問姐妹的時間，旅費由我負擔，請她們陪父親出國；國內的行程我有空了，就問父親要不要一起出去玩，尤其是爬山、參訪的活動，既能強身健體，又能收穫新知，我樂在其中，父親偶爾抱怨：「每次和你出門，你就一直走一直走，也不會停下來休息，太累了！」

可他心裡是喜歡的，我不走一般的遊覽行程，我會挑自己有興趣的活動，在事前做好功課，下了遊覽車後，也不僅是走馬看花拍拍照，而是會逛遍每一個景點，花長時間細細觀察，並一一解說給父親聽。父親樂於擁有一個專屬的導遊，嘴上嘮叨個幾句，還是最愛和我出門，縱然他沒說，神情姿態卻騙不了人。

哪怕長得再大，獲得再多的成就，
我永遠都是父母的孩子。

醫師公會的活動多是夫妻共同參與，只有我，每次都是帶著父親。太太並不介意，她知道我會花時間陪伴父親，同樣會花時間陪伴她和孩子。

我覺得這是受到了母親的影響，我嚮往母親對家人的愛，父母、姐妹、妻子兒女，以至於姐妹們的家人，每一個我都珍惜且重視。

那天單獨和父親去佛陀紀念館，園區遼闊，莊嚴肅穆，在本館前的菩提廣場兩側廊道壁面上，刻有佛陀行化本事浮雕，及二十二幅的古德偈語，以書法文字表達佛教義理的內涵。

我和父親緩步走著，欣賞一幅幅的偈語長聯，「大海之水可飲盡，剎那心念可數知，虛空可量風可繫，無能說盡佛功德。」、「佛地人多心甚閒，日看飛禽自往還；有求莫如無求好，進步哪有退步高。」

我和父親分別表述了對經文的理解和看法，我再一字一句地念給父親聽，在每一幅碑文前，我們都駐足了長久的時間，直到父親累了，便尋個長椅坐下休息。

長年規律運動，讓父親耄耋之年了，依然非常硬朗。過了一會兒，父親又起身繼續走，累了再停下，我們也不趕時間，就這麼走走停停，光這一個長廊，我們便能消耗大半天。

坐在長椅上，我望著父親，想起過去也曾帶母親來佛陀紀念館，只是母親沒啥體力，堅持不了太久。

父親和姐妹們現在已能談起母親了，母親剛過世那陣子，就像一道無法癒合的傷口，誰都碰觸不得，這幾年才好些，像是傷口漸漸結了痂，逢年過節聚會，姐妹們就會聊起母親的美好，姐妹還會復刻母親的拿手菜，父親嚐了，直說是母親的味道。

但我每次聽到母親，還是會轉過頭去，我很想念她，很想很想，想到一說出口便要流淚，我只能靜靜傾聽，把她藏在我的內心深處。

「爸爸，我們回家吧，家裡煮了您愛吃的菜呢！」我扶著父親，朝停車場走去。

父親還意猶未盡，「這就要回去啦？」

「改天再帶您出來玩。」

「好。」父親開心地笑了。

# 你是我心中溫暖的光

亮點 006

作　　者　福智文化編輯室
責任編輯　蔡毓芳、廖育君
文字協力　李宜珊、洪琳惠、廖雅雯、蔡毓芳
美術設計　賀四英
排　　版　華漢電腦排版有限公司
印　　刷　科樂印刷事業股份有限公司

出 版 者　福智文化股份有限公司
特別感謝　福智文教基金會
地　　址　105407臺北市八德路三段212號9樓
電　　話　(02) 2577-0637
客服Email　serve@bwpublish.com
總 經 銷　時報文化出版企業股份有限公司
地　　址　333019桃園市龜山區萬壽路二段351號
電　　話　(02)23066600 轉 2111
出版日期　2022年3月　初版二刷
定　　價　新台幣 360 元
I S B N　978-986-98982-6-3

**國家圖書館出版品預行編目(CIP)資料**

你是我心中溫暖的光 / 福智文化編輯室作. －初版.
－臺北市：福智文化股份有限公司，2021.06
面；　公分. －（亮點；6）

ISBN 978-986-98982-6-3（平裝）

1.家庭關係　2.親子關係

544.1　　　　110006531